Marguerite De Roberval

Un roman du temps de Jacques Cartier

Thomas Guthrie Marquis

Writat

Cette édition parue en 2024

ISBN : 9789359940885

Publié par
Writat
email : info@writat.com

Contenu

CHAPITRE I

"Ces rues étroites et exiguës me torturent ! Il faut que je sorte d'ici, sinon je deviendrai fou. La campagne, avec ses champs vallonnés et ses grandes étendues de ciel calme, m'aide un peu, mais rien, sauf l'océan, ne satisfera mon esprit. Cinq des années ont passé maintenant, et je suis toujours enfermé dans ce misérable trou, sans aucun pouvoir pour sortir à l'étranger, sauf pour une croisière sur la Manche ou une course vers le sud le long de la côte. Si les choses ne changent pas, je pense que je vais tranquillement levez l'ancre sur l'Hermine et traversez l'Atlantique sans permission du roi ni bénédiction du prêtre. Je vous le dis, Claude, ce serait un sport rare de passer par là, sans dire au revoir à un ami ou à un amant. L'or est là. il y en a en abondance, et les diamants sont là, et une route vers les Indes ; et si nous devions rapporter des richesses et de nouvelles découvertes, le roi pardonnerait notre audace.

L'orateur était un homme d'âge moyen, avec des cheveux et une barbe noir de jais et des yeux noirs perçants. Il était aussi droit qu'un pin au milieu d'une forêt, bronzé et ridé par des années d'exposition au soleil et au vent, mais c'était aussi un bel homme autoritaire. Il s'appelait Jacques Cartier. Il était le marin le plus célèbre de France et avait déjà effectué deux voyages à travers le tumultueux Atlantique sur des bateaux dans lesquels les marins du XIXe siècle auraient peur de traverser la Manche.

Son compagnon était Claude de Pontbriand , un jeune homme de douce naissance, qui l'avait accompagné lors de son deuxième voyage. Il était aussi brun que Cartier, avec un cou et des épaules de lion, une bouche et un menton résolus et un œil bienveillant dont l'expression avait une touche de mélancolie. Parmi ses compagnons, il était connu sous le nom de leur Bayard ; et la pureté de sa vie, la générosité de son caractère et son courage intrépide rendaient ce titre approprié.

Les deux hommes marchaient le long d'une des artères sinueuses du port français de Saint-Malo, par une glorieuse soirée au clair de lune de l'automne 1539. L'heure, bien qu'encore tôt, était inhabituelle à cette époque pour que quiconque se trouve simplement à l'étranger. pour le plaisir; et la petite ville était calme et déserte, à l'exception d'un piéton occasionnel que les affaires, d'une sorte ou d'une autre, avaient obligé à quitter sa maison.

Il y eut un court silence après les propos de Cartier, avant que de Pontbriand ne réponde :

"Je pensais que tu en avais assez du Nouveau Monde."

"Assez!" s'exclama Cartier. "Ce Nouveau Monde est à moi. J'en ai pris possession le premier. Ma croix veille toujours sur mes intérêts à Gaspé et mon souvenir est toujours cher aux hommes rouges de Stadacona à Hochelaga."

"Je ne suis pas si sûr de l'amitié des Indiens", interrompit son compagnon. " Si nous n'avions pas enlevé le vieux Donnacona et ses compagnons chefs, cela aurait pu être le cas, mais maintenant qu'ils sont morts, vous aurez quelque difficulté à inventer une histoire qui vous rendra la confiance des membres de leur tribu. Ah ! Cartier, je Je vous avais alors prévenu ; et maintenant je regrette seulement de ne pas m'être opposé à votre action avec mon épée même. Pauvres diables ! C'était pitoyable de les voir s'affaisser et s'affaisser comme des oiseaux en cage, et finalement mourir un à un. Pauvre vieux Donnacona ! J'espère nous retrouverons son esprit sur les hauteurs de Stadacona si jamais nous traversons à nouveau l'océan.

"C'était une erreur", répondit Cartier, "mais on ne sait jamais exactement quels seront les résultats d'une action. Je l'ai fait pour le mieux. Je pensais que les Indiens apprécieraient autant une visite en Europe que les deux garçons que j'ai visités. apportés lors de mon premier voyage. Ils étaient cependant trop vieux et semblent avoir été enracinés dans le sol. Je crains que nous devions inventer une façon d'expliquer leur absence si nous retournions à Hochelaga. Ne serait-il pas bien de les marier à de nobles dames et leur donner des duchés en France pour les gouverner ?

" Bonne idée, avec le seul inconvénient qu'elle est fausse ; et il y a déjà assez de faux hommes en France sans qu'un honnête marin ne les grossisse. Mais mon impression des sauvages est que vous aurez du mal à leur faire croire. " C'est votre histoire. C'est un peuple profond et, comme nous l'avons trouvé, un peuple généreux ; et une fois trompés, vous découvrirez qu'ils n'auront plus jamais une confiance parfaite en leurs traîtres. "

"Peut-être ; j'imagine que vous avez raison. Mais pourquoi emprunter des ennuis qui sont à des années et à des lieues de nous ? Nous sommes ici dans la vieille France, et nous y resterons probablement."

"Je n'en suis pas si sûr."

"Quoi!"

"Je n'en suis pas si sûr. J'ai eu aujourd'hui un long *tête-à-tête avec Jean François de la Roque, et il hésite. Il a beaucoup d'influence en Picardie, et le roi François lui doit beaucoup. Il* déclare que s'il veut un navire, ou même une flotte, il peut l'avoir. Il prétend être soucieux de gagner des âmes dans le nouveau pays des ténèbres, comme il l'appelle ; mais n'insistez pas trop sur les ténèbres lorsque vous rencontrez-le. L'or, les diamants et les fourrures toucheront son cœur beaucoup plus rapidement que toute autre chose. C'est un homme astucieux, et si vous parvenez à l'enthousiasmer pour votre Nouveau Monde, vous serez bientôt chez votre bien-aimé Stadacona et aurez une chance d'y rester aussi. Son idée est d'y implanter une colonie, de développer les ressources du pays et, je n'en doute pas, de sauver à loisir les âmes des habitants. J'aimerais que nous puissions réunir certains de nos vieux amis " Quelques-uns des hommes qui ont survécu au scorbut en toute sécurité seraient d'une grande aide lors d'une autre expédition de ce type. "

"Où est Charles de la Pommeraye ?" interrompit Cartier.

"De la Pommeraye ! N'avez-vous pas eu de ses dernières nouvelles ?"

" Non, dans quelle nouvelle situation s'est-il mis ? Il n'y a pas de garçon plus courageux au monde ; et s'il se dispute encore un peu plus que nous tous, c'est simplement à cause de son excès de bravoure. Un jupon lui fera toujours plaisir. " à genoux. Eh bien, à Hochelaga, il a ôté son chapeau à plumes à chaque beau sauvage qui attirait son regard. Si j'ai l'occasion d'y retourner, je le retrouverai, même si je dois fouiller tous les coins et recoins de France.

" Je crains bien que vous ayez quelque peine à le retrouver. Le dernier rapport que j'ai eu de lui, c'est qu'on l'a vu étendu dans les rues de Paris avec plusieurs poignards sur la poitrine. C'était mon ami, comme vous le savez, et , malgré son témérité et ses folies, le seul homme en qui je puisse avoir une parfaite confiance. Je m'attendais toujours à ce qu'il connaisse une telle fin ; mais j'ai versé plus de larmes pour lui que je n'aurais jamais pensé en verser pour aucun homme.

"Charles de la Pommeraye mort !" s'exclama Cartier. "Je ne peux pas le croire!"

"Moi non plus!" interrompit une voix ferme qui fit reculer les deux hommes et posa la main sur leurs armes. "Moi non plus ! Et si quelqu'un doute de ma parole, voici mon épée pour le prouver !"

"La Pommeraye !" s'écria Claude. "D'où viens-tu, au nom du ciel ?" et les deux hommes saisirent les mains du jeune géant qui, dans l'habit d'un galant à la mode du temps, avec pourpoint et bas de couleur gaie , chapeau richement emplumé et surtout garni de dentelles d'or, riait devant eux.

" Paris, où j'ai été vu mort dans les rues. Depuis combien de temps, Claude, que tu n'as pas eu une si mauvaise opinion de moi ? J'ai été mis dans d'étranges situations dans ma journée, mais je n'ai encore jamais dormi dans le Soyez reconnaissants de ne pas vous avoir laissés tous les deux être emmenés hors de cette place le matin. Je suis venu ici en prévision d'un combat, et j'avais mon épée prête à commencer à vous sculpter lorsque la voix de Cartier m'a frappé comme une bouffée de air marin vivifiant et salé. Mais quelle grande entreprise avez-vous sous la main ? Votre air sérieux témoigne d'un projet de poids. Quoi qu'il en soit, mon épée est à votre service.

"Je doute qu'il soit sage de mettre dans nos confidences un duelliste aussi cracheur de feu ", dit Claude en souriant à son ami.

"Maintenant, Claude, ce n'est pas juste. Tu sais que je ne suis pas un duelliste . Je me bats seulement quand j'y suis obligé, et jamais sans une juste provocation. Par exemple, j'ai eu une charmante passe d'armes hier soir, mais c'était ce n'était pas ma faute. Je traversais le Sillon lorsqu'une jolie fille s'approcha de moi d'un pas nonchalant qui semblait dire : "Je viens de te guetter." Elle avait un visage comme une fleur, au clair de lune, et Je n'ai pas pu résister à l'envie d'arracher un baiser. C'était tout : mais cela a agi comme une allumette dans une poudrière. Elle a reculé en criant. De toute évidence, elle ne m'avait pas attendu ; et avant que je puisse m'excuser ou reprendre le baiser. , son amant s'est précipité sur moi l'épée dégainée.

« J'espère, s'écria Claude, qu'il a laissé sortir un peu d'impudence de votre vaillante peau.

"Pas une goutte. Je connais le danger d'embrasser de jolies filles sur la voie publique, et je ne le fais jamais sans avoir la main sur la poignée de mon épée. Il s'est élancé en avant et moi en arrière. La jeune fille était entre nous et dans son pressé de me cracher, il la repoussa brutalement. Ce léger silence me laissa le temps de dégainer mon épée. Il s'approcha de moi, aveuglé par la fureur, mais j'étais sur mes gardes. Une ou deux passes me montrèrent que je pouvais désarmer le bonhomme. en cinq minutes. La belle restait là, se tordant les mains en silence, et comme je voulais bien me tenir de son avis, je résolus de lui montrer ce que je savais faire. J'ai appris quelques coups, coups et gardes à Paris, et C'était maintenant mon occasion de les mettre en pratique. J'ai déconcerté l'homme, et quand j'ai pensé que Son Altesse avait dû voir que j'étais le meilleur homme et le plus digne, j'ai laissé échapper avec une rapidité rarement vue dans le vieux Saint-Malo moisi : et l'épée de mon adversaire résonna contre le mur.

" Cet homme n'était pas un lâche. A peine son épée lui fut-elle retirée de la main qu'il déchira sa chemise en criant : " Poignarde, scélérat, insulteur de femmes ! " Mais si j'avais essayé de le prendre au mot et de lui faire un trou ou deux, je n'aurais pas pu le faire, car alors même qu'il parlait, sa bien-aimée s'est levée entre nous et a sifflé l'épithète « Lâche ! au visage, je lançai un poignard vers ma poitrine. Le coup fut si rapide que je crains que seul un miracle aurait pu empêcher une femme de faire enfin une impression permanente sur le cœur de Charles de la Pommeraye , mais je devais encore une fois être sauvé des desseins vils du sexe. Mon antagoniste lui saisit la main par derrière avec une poigne semblable à celle d'un étau ; et nous étions tous là, un groupe d'ennemis des plus intéressants. Il fut le premier à parler.

« « Range ton jouet », dit-il sévèrement à la jeune fille qui, à l'exception de ce seul mot « Lâche ! n'avait jamais émis un son depuis le début de la lutte. "Raccrochez votre jouet, ma vie est entre ses mains. Il l'a gagnée avec l'épée."

« Charles de la Pommeraye , répondis-je, ne frappe jamais un homme sans arme. Prenez votre épée, mon ami, et donnons à cette belle Amazone un divertissement un peu plus digne. »

"Mais il ne voulait même pas regarder l'arme qui lui avait fait défaut.

« Le voici, dis-je en le soulevant du sol. Mais j'ai très peur que nous devions tous les deux rengainer nos épées pour cette nuit. Le vôtre a perdu un bon pied. Ce mur contient un excellent granit. Mais retrouvez-moi ici demain avec une nouvelle arme, et nous pourrons achever notre petite différence à la lumière de cette lune.

"'Je ne suis pas un duelliste , s'écria-t-il, mais j'accepte votre offre. Votre nom m'est connu, Charles de la Pommeraye , et je vous connais comme un homme d' honneur , malgré votre conduite inéquitable envers une femme sans défense . Voyez " Elle s'est évanouie ! Aidez-moi à l'emmener chez moi, et demain à cette même heure je vous retrouverai à cet endroit sans secondes ni témoins. Soulevez-la doucement, ajouta-t-il en relevant les épaules de la jeune fille. Mettez-la passe ton bras autour d'elle à gauche, et nous pourrons la porter entre nous.

"Mais elle était parfaitement molle. Nous étions vraiment en train de la traîner dans la rue, quand je lui ai dit : 'Cela ne marchera jamais. Montrez le chemin. Je vous suivrai.' Pendant que je parlais, je l'ai soulevée du sol, et bien qu'il ait résisté à mon action, il a vite compris qu'il n'y avait aucune aide et s'est avancé devant moi en silence. La lune brillait pleinement sur le visage de la jeune fille alors qu'elle était couchée dans mes bras. , pâle et sans vie, et j'ai vu l'erreur que j'avais commise. Elle était incontestablement de haute lignée, et j'aurais donné des mondes pour défaire mon action téméraire, bien que ce qu'elle faisait à cet endroit et à cette heure me dépasse. à conjecturer. Mais nous étions à la porte de la maison de mon antagoniste en quelques instants, et il m'a ordonné de lui remettre mon fardeau. En la prenant dans ses bras, il s'écria : " Demain soir, souviens-toi. Le Sillon : et viens sans témoins.'"

« Tout un roman, dit Cartier ; mais on ne reste jamais longtemps dans un endroit sans ramasser quelque chose de pareil. Depuis combien de temps êtes-vous à Saint-Malo ?

"Depuis hier après-midi. J'étais sorti me promener au clair de lune et je traversais le Sillon en rêvant à ce glorieux voyage que nous avions fait ensemble sur l'Hochelaga."

"Eh bien, Charles," dit Claude, "prenez garde ! Si vous continuez ainsi, vous ne ferez probablement plus jamais un voyage pareil. Mais, à propos, votre adversaire n'a-t-il pas agi d'une manière assez étrange pendant un voyage ? amant ? Il t'a permis de porter la belle, tu as dit ?

"Oui, et il a marché devant, comme s'il avait été son père."

"J'ai tendance à penser que vous vous êtes trompé. Aucun amant ne se serait comporté de cette manière. Il s'agit probablement de son père ou de son frère aîné."

" Ni l'un ni l'autre, Claude ? Il était trop jeune pour être son père, à moins que le clair de lune ne me trompe beaucoup, et il lui ressemblait autant qu'à une des gargouilles de Notre-Dame de Paris. Mais je suis content que vous ayez jeté dehors. " Je lui demanderai avec diligence s'il est son amant, et s'il ne l'est pas, je me contenterai de le désarmer et de l'humilier un peu pour son audace. S'il l'est, cependant, j'ai bien peur de devoir envoyez- le au ciel, comme un obstacle sur mon chemin pour gagner la dame au poignard. J'ai déjà ressenti les charmes de beaucoup de belles femmes, mais aucune n'a jamais eu le pouvoir de m'émouvoir comme l'a fait cette jeune fille impuissante la nuit dernière alors que je le portais. chez elle. C'est un ange, Claude, avec un visage de madone !"

"Bien joué, Charles!" s'écria Claude en riant. "Je suis heureux de savoir que tu es enfin attrapé. Écoute-le, Jacques; comme c'est délicieux de l'entendre avouer qu'il a déjà senti son cœur brûler. Mais c'est la seule et unique affection qui dure. Ah! Charles, tu es encore un chien triste ! Dans cette même ville, il y a six ans, je t'ai entendu jurer que tu vivrais et mourrais fidèle à la belle fille du sieur des Ormeaux ; en une semaine tu étais à genoux devant Cosette, la fille du capitaine ivre d'un bateau de pêche ; et deux mois après cela, je vous ai vu moi-même, à l'ombre du Mont-Royal, gesticulant sauvagement votre dévotion éternelle à la fille du vieil Adario , ce potentat graisseux dont les guerriers étaient remplis d'admiration devant la manière imposante avec laquelle vous avez hurlé un « Te Deum ».

" Silence, Claude, ou, par le Ciel, j'oublierai que nous sommes amis jurés en amour, en guerre et en paix, et je vous défierai de combattre dès que j'en aurai fini avec l'imbécile qu'il me faut maintenant m'empresser de rencontrer. Ne me suivez pas, je vous en prie ; je ne voudrais pas qu'il pense que j'ai des amis qui sont là pour assister à notre lutte. Adieu ; et si je ne reviens pas dans une demi-heure, vous trouverez le compte de tous mes biens terrestres. dans une boîte en fer d'environ six pouces carrés, dans ma chambre à la vieille auberge.

Sans ajouter un mot, il s'éloigna d'eux et quelques pas l'amenèrent au bout de la rue, là où les constructions s'arrêtaient à l'entrée de la langue de terre connue sous le nom de "Le Sillon ", qui relie Saint-Malo au continent. A cette époque, cette bande de terre n'était pas aussi large qu'elle l'est devenue depuis, et n'était qu'une chaussée étroite, protégée de l'empiétement des marées par un mur de pierre du côté de la mer. Les deux hommes ne le suivirent pas plus loin que le bout de la rue et restèrent à l'ombre de la dernière maison, attendant de connaître le résultat de la rencontre.

— Voilà le plus brave garçon de France, dit Claude en le regardant disparaître. "J'aimerais seulement qu'il y en ait plus comme lui. Il est né pour se battre, et il en a fait tellement qu'il en est enfin venu à considérer le duel comme une partie nécessaire de l'amusement de sa journée. Et ce qu'il y a de mieux chez lui c'est qu'il a tué moins d'hommes que n'importe quel autre duelliste en France. Il a un cœur d'enfant et un bras de géant. Mais écoutez ! Tenez-vous près. Son adversaire passe par ici. Il est passé. Écoutez ! Par le Ciel, mais ils n'ont pas perdu de temps. Ils y sont déjà. J'aurais seulement souhaité qu'il n'insiste pas pour que nous restions cachés. Je préférerais le voir jouer à l'épée plutôt que de regarder une armée en action. Mais qu'est-ce que c'est ? Un cri de femme, comme Je vis!"

CHAPITRE II

Pour expliquer le cri, il faudra remonter au matin du jour où a eu lieu cette conversation. Saint-Malo avait l'air le plus sombre. Une forte pluie était tombée pendant la nuit et une brume s'accrochait aux rues boueuses et aux murs gris jusque vers midi. La petite ville, avec ses rues étroites et ses maisons imposantes, était sombre comme une ville de morts ; des odeurs nauséabondes montaient de tous côtés et auraient été insupportables sans la brise fraîche qui soufflait de la Manche, chassant les brumes et les brouillards devant elle.

Dans l'une des maisons les plus hautes et les plus imposantes, deux jeunes femmes étaient assises au battant d'une fenêtre supérieure. La maison était sombre, sans ornement d'aucune sorte, sauf un porche voûté, sur lequel était gravé une devise ou un emblème devenu indéchiffrable à cause du temps. La pièce où étaient assises les deux jeunes filles était simple dans ses aménagements et mal éclairée, bien que sa sombre soit relevée par de nombreuses bagatelles féminines éparpillées, trahissant le caractère et les goûts de ses occupants.

L'aînée des deux était Marguerite de Roberval, nièce du noble picard dont nous avons déjà parlé. Elle avait environ vingt-quatre ans, brune et très belle, avec des masses de cheveux noirs couronnant une tête bien dressée, des traits finement coupés et une silhouette qui, même lorsqu'elle était assise sur le siège bas de la fenêtre, se montrait grande et élancée. . Sa beauté eût été sans défaut sans un défaut : son menton un peu trop saillant, donnait à son visage une expression de détermination qui, tout en détruisant sa symétrie, trahissait une forte volonté et une fermeté qui allait presque jusqu'à l'obstination. Elle avait la grâce agile d'une panthère, et même si son repos était parfait, un observateur attentif aurait pu remarquer dans son attitude et son maintien une tension nerveuse qui trahissait une force cachée et une énergie résolument contrôlée.

À ses pieds, sur un vaste tapis, était assise son amie et compagne, Marie de Vignan , à bien des égards son contraire. Pas aussi brune que Marguerite, ni aussi grande, avec un visage plutôt rond qu'ovale, des yeux clairs et bien ouverts, une bouche joyeuse et rieuse, sa silhouette rebondie et son expression vive trahissaient une nature heureuse et contente, sur pour qui le monde et la vie se sont reposés à la légère. Elle était venue de Picardie avec Marguerite, et était en effet la pupille de de Roberval. Son père avait été tué quelques années auparavant par l'explosion d'un pétronel et avait confié son unique enfant à la garde de son ami et compagnon d'armes.

"Hé-ho !" dit Marie avec un bâillement à moitié réprimé, ce brouillard ne se dissipera-t-il jamais ? Qui aurait pensé, après la glorieuse lune d'hier soir, que nous aurions demain un jour pareil ?

"Patience, *chérie* ", répondit son amie en levant les yeux de la broderie sur laquelle elle était occupée. "Nous avons eu beaucoup de matins de ce genre depuis que nous sommes arrivés ici, mais ils ne font que rendre la journée plus lumineuse lorsque le soleil brille. Vous voyez, il y a le ciel bleu au-delà des toits ! Le plein soleil sera sans doute levé avant midi. Je le fais souvent. Je pense qu'une sage Providence doit envoyer tout ce brouillard et cette pluie. Si de tels moyens n'étaient pas pris pour nettoyer ces rues, nous ne pourrions bientôt plus respirer l'air de Saint-Malo. Je ne comprends pas ce qui a pris possession de mon oncle pour partir. nos vastes hectares de Picardie pour ces rues misérables et ces murs nus et sombres.

"C'est délicieux, Marguerite, de t'entendre te plaindre. Je me demandais combien de temps encore nous allions rester enfermés ici comme des faucons en mue . Je n'ai pas beaucoup envie de grogner, mais j'ai envie d'une bouffée d'air frais, et de la place pour me dégourdir les membres sans tomber dans une boue, ni être presque renversé par un marin ou un pêcheur maladroit. Quand nous avons quitté la Picardie , je pensais que nous allions à Fontainebleau; je n'ai jamais rêvé que nous allions échanger le soleil les pentes de la Somme pour ça !"

— Sans doute, dit Marguerite avec un petit soupir, mon oncle a de bonnes raisons de rester ici si longtemps. Vous connaissez ses projets chéris sur le Nouveau Monde.

"Oui, et je ne pardonnerai jamais à M. de Pontbriand de lui avoir suggéré de quitter la France. Maintenant que nous avons enfin la paix, je commençais à espérer que mon guerrier tuteur trouverait le temps de nous conduire à la Cour et de nous laisser faire." nous y voyons un peu plus la vie et le monde gai. J'en avais marre de rester chez moi, je dois l'avouer, mais depuis mon expérience de ces mornes murs de pierre, je ne demande rien de mieux que nos belles et larges salles de Picardie. Cependant, comme dites-vous, cela ne sert à rien de vous plaindre. Mais avez-vous oublié : vous aviez promis de me raconter toute l'histoire de votre aventure de la nuit dernière. J'ai été patient et je n'ai posé aucune question ; mais je meurs d'envie de savoir comment tout cela s'est passé. ".

— Il y a très peu de choses à dire, répondit Marguerite avec quelque réticence. "Nous rentrions au clair de lune, comme vous le savez, mon oncle et moi, et comme nous traversions le Sillon , mon oncle s'arrêta pour dire un mot à un marin qui lui souhaita bonne nuit au passage. Je n'ai pas remarqué qu'il n'était pas à mes côtés, et quelques pas aussi devant lui, et en pleine lumière de lune, alors qu'il était dans l'ombre. Soudain, un voyou fanfaron s'est approché de moi avec une plaisanterie insolente, et avant que j'ai pu " J'ai réalisé ce qu'il allait faire, j'ai senti ses lèvres toucher ma joue. J'ai crié et mon oncle s'est immédiatement précipité sur lui avec l'épée dégainée. C'est toute l'histoire. "

"Mais quel a été le résultat ? Votre oncle n'a pas tué le méchant, n'est-ce pas ? Et qu'est-ce qui aurait pu arriver pour que vous, vous dont le courage n'a jamais été connu pour tressaillir à la vue du sang, soyez ramené chez vous évanoui. " Je t'assure, Bastienne et moi avons eu assez de mal avec toi hier soir. Tu ne m'as pas tout dit, Marguerite. J'en suis sûr. "

Mademoiselle. La joue brune de Roberval rougit un peu.

"C'est une histoire douloureuse", dit-elle avec une certaine hésitation. "Je n'aurais jamais pensé voir un de Roberval désarmé. Pourtant, l'habileté de ce scélérat était telle qu'après quelques passes, il réussit à lui arracher l'épée des mains de mon oncle, et nous étions à sa merci."

"Et quoi encore?" s'écria la plus jeune, essoufflée, tandis que Marguerite s'arrêtait de nouveau. "J'aurais été à ta place pour voir un tel jeu d'épée. Je pensais que ton oncle était invincible."

" Moi aussi, jusqu'à hier soir. Je l'ai souvent vu dans des combats d'épée auparavant, et aucun n'a jamais pu lui résister ; mais il était comme un enfant entre les mains de cet homme. "

"Pourquoi n'étais-je pas là pour voir ce prodige ? Mais pour votre ami de Pontbriand et ce marin aux yeux d'aigle qui vient rendre visite à votre oncle, je n'ai pas vu un *homme* depuis que j'ai quitté la Picardie."

"J'espère que vous n'aurez peut-être jamais la chance de voir ce lâche scélérat. Mais si vous m'obligez à terminer mon histoire, lorsque l'épée de mon oncle vola en claquant contre le parapet, je ne pourrais plus rester là en silence. J'avais attendu de voir cet homme puni. comme il le méritait, et maintenant un de Roberval se tenait devant lui, désarmé. Tout flottait devant mes yeux, je ne pensais qu'à sauver la vie de mon oncle, et, tirant le petit poignard que je porte toujours, je l'aurais enfoncé dans la poitrine du scélérat, si mon oncle ne m'a pas attrapé la main. Je ne m'en souviens plus jusqu'à ce que je me retrouve chez moi ici.

"Bravo, *m'amie* !" s'écria Marie enthousiaste en frappant dans ses mains. "Je savais que votre courage ne vous ferait pas défaut. Mais quelle terrible expérience vous avez à vivre ! Dieu merci, cela ne s'est pas terminé plus mal. Mais dites-moi, à quoi ressemblait ce vaillant, qui s'est révélé si puissant épéiste ? Décrivez-le-moi."

"Je ne peux pas, enfant insensé ! Pensez-vous que j'ai remarqué ses traits ? Il était grand et puissant ; mais au-delà de cela, je n'ai rien vu, sauf ses yeux rieurs lorsqu'ils rencontrèrent les miens lorsque mon poignard toucha sa poitrine."

— Ce n'est pas tous les jours qu'on rencontre un homme qui sait rire le poignard sur la poitrine, s'écria Marie, moitié plaisante, moitié sérieuse. "Je dois en effet le voir. Je ne connaîtrai pas la paix tant que je ne l'aurai pas fait."

- Alors votre désir est exaucé, dit Marguerite, car, si je ne me trompe, il y a en ce moment l'homme lui-même de l'autre côté de la rue. Oui, je suis sûre que c'est lui ; voyez, il jette un baiser à ce pêcheur. -jeune fille en face. Cela vous montrera le vrai caractère de votre héros."

Malgré les sarcasmes de Marguerite, l'homme que les deux jeunes filles voyaient maintenant était un noble spécimen d'humanité. Mesurant six pieds quatre pouces, avec des épaules larges et athlétiques, des membres droits et nets et un visage aussi brillant que celui d'un écolier , même s'il ne pouvait pas avoir moins de trente ans, c'était un homme qui ne pouvait manquer d'attirer l'attention partout où il se trouvait. pourrait être vu.

Il était vêtu à la pointe de la mode, et ses vêtements gais, avec leurs garnitures en dentelle et leurs ornements de bijoux , ne faisaient pas de lui un aventurier ordinaire. Mais le trait le plus frappant de son apparence était ses cheveux, qui tombaient en mèches ensoleillées sur ses épaules sous son chapeau de velours au panache étalé. En vérité, il ressemblait plus à un Viking nordique d'antan qu'à un cavalier du XVIe siècle.

"Quel noble garçon!" » fut l'exclamation involontaire de Marie en le regardant.

"Noble!" dit Marguerite avec mépris. "Vous avez sûrement oublié ce que vous dites. Diriez-vous que sa conduite d'hier soir est noble ?"

" Oh, quant à sa conduite et à son caractère, c'est une autre affaire. Mais quelle magnifique allure il a, et quelles épaules ! J'aimerais rencontrer un homme comme celui-là. Voyez, il a tourné les yeux de cette façon. Qui qu'il soit. , je tomberais certainement amoureuse de lui si je le connaissais. Il me semble qu'il est comme ce qu'a dû être Charlemagne ; ou — oui — comme Charles de la Pommeraye !

Marguerite sursauta à ce nom.

" Que sais-tu de La Pommeraye ? " s'exclama-t-elle.

"Avez-vous oublié ou n'étiez-vous pas présent l'autre jour lorsque M. de Pontbriand déplorait la mort de son ami à Paris ? Vous l'avez sûrement entendu parler de lui. J'ai pleuré en apprenant sa fin prématurée, car j'ai J'ai toujours eu de bons souvenirs de Charles de la Pommeraye .

"Toi, Marie ? Que veux-tu dire ? Tu ne m'as jamais prononcé son nom. Maintenant que je l'entends à nouveau, je me souviens que c'est le nom que mon agresseur a eu l'audace de donner à mon oncle hier soir. Il avait disparu de ma mémoire. quand je me suis évanoui. Mais que savez-vous de De la Pommeraye ? Où l'avez-vous rencontré ?

"Cet homme s'appelle La Pommeraye ?" s'écria Marie, ignorant ces questions, et regardant avec impatience la silhouette de l'inconnu blond qui s'éloignait. "Peut-il y en avoir deux du même nom ? Serait-il possible qu'il ne soit pas mort, ou que l'ami de Claude en soit un autre ! Oui, c'est lui, j'en suis sûr maintenant ! Comment ai-je été assez bête pour ne pas le reconnaître "Je me souviens de lui," expliqua-t-elle, "il y a seize ans environ, quand j'étais toute petite fille. C'était un grand garçon, pas plus de quinze ans, qui me prenait dans ses bras et me jetait bien au-dessus de sa tête. Il Je revenais tout juste de Pavie, où, au cours d'une bataille désastreuse, il avait par deux fois sauvé la vie de mon père. Depuis lors , je ne l'ai jamais revu, mais j'ai parfois entendu dire qu'il voltigeait sur terre et sur mer, cherchant l'aventure, une âme inquiète. , qui ne semble jamais heureux à moins qu'il ne risque d'être tué.

" Je suis désolée d'apprendre que vous le connaissez, " dit Marguerite un peu froidement, " car je crains qu'il ne risque d'être tué pour de bon cette fois. Alors que je revenais à moi-même dans les bras de mon oncle à la porte, hier soir, Je l'entendis dire : " Demain soir, souviens-toi ! Le Sillon : et viens sans témoins. " Ces mots ne peuvent avoir qu'un seul sens. Ils doivent être sur le point de se revoir ce soir ; et, plus calmement et avec une meilleure arme, mon oncle ne peut manquer de lui administrer le châtiment que mérite son insolence.

"Priez le ciel que le sieur de Roberval ne rencontre pas la mort à sa place", s'écria Marie avec ferveur. " Si cet homme et l'ami de Claude de Pontbriand ne font qu'un, il n'y a pas de duelliste plus célèbre en France. Il n'a jamais été vaincu ; et il a de son côté l'avantage de la jeunesse et de la force. Votre oncle aura besoin de l'aide de un ange du ciel s'il veut se venger de La Pommeraye .

Marguerite s'était levée et arpentait la pièce d'un air agité.

"Cela m'a beaucoup troublée", a-t-elle déclaré. « Je ne savais pas ce que vous me dites maintenant, bien sûr ; et j'espère et je prie pour que vous vous trompiez. Mais mon oncle n'est plus aussi jeune qu'autrefois, et il sera tout à fait seul et à la merci de cette situation. méchant. J'ai essayé de réfléchir à un plan par lequel cela pourrait être évité, mais je ne sais pas ce que nous pouvons faire.

" Cela ne servirait à rien de parler à votre oncle, bien sûr ; tout ce que nous pourrions dire ne ferait que le rendre plus déterminé. Mais je vais vous dire ce que nous pouvons faire ; nous pouvons y aller nous-mêmes et voir le fair-play. "

« Vas-y nous-mêmes, espèce de folle ! A quoi penses-tu ?

" Je veux dire que si nous étions présents, cachés bien sûr, et à l'insu de tous, nous pourrions intervenir à temps pour empêcher une effusion de sang, et si votre oncle devait avoir le pire, nous serions certainement en mesure de le sauver. " La Pommeraye pourrait difficilement le tuer en notre présence. Nous aurions d'ailleurs la rare occasion de voir un combat entre les deux meilleurs épéistes de France, " et les yeux de la jeune fille impétueuse pétillaient d'un peu du feu guerrier de son guerrier. ancêtres. " Ne serait-ce pas une glorieuse chance, Marguerite ? Mais comment arriverions-nous à nous cacher dans un espace ouvert comme le Sillon , je ne sais pas. "

" Oh ! quant à cela, " dit Marguerite, " cela serait facile à gérer. À dix mètres de l'endroit où ils se sont battus la nuit dernière, il y a une marche qui descend jusqu'au bord de l'eau, et fermée de chaque côté. C'est ce qu'on appelle le "La Descente des Amoureux" - Claude me l'a montré un jour - et nous pouvions rester là sans crainte d'être détectés. Mais je dois considérer votre projet insensé. Pourrions-nous réussir à empêcher une catastrophe? Et même si nous y parvenions, ne serait-ce pas seulement un ajournement de l'issue ? Ils sont déterminés à se rencontrer, et nous ne devrions que les rendre d'autant plus déterminés, sans parler de la colère de mon oncle lorsqu'il découvre notre présence. Mais alors, si ce que vous dites de La Pommeraye, c'est vrai... et mon oncle est seul, et personne n'est au courant de la rencontre... oui, Bastienne , je suis là. Qu'est-ce qu'il y a ?

Elle s'interrompit à l'entrée d'une femme petite et trapue, bien au-delà de la cinquantaine, visiblement une vieille servante privilégiée. Il n'y avait aucun doute sur son origine. C'était une paysanne picarde, fidèle, honnête, bonne et forte comme un bœuf. Elle avait été au service de la famille de Roberval toute sa vie ; et une fois, par son courage et son dévouement, elle avait sauvé son château alors qu'il était assiégé par les Espagnols. Ils s'étaient enfoncés jusqu'aux portes, et avaient allumé un grand feu contre la porte de la tour, d'où les défenseurs s'étaient enfuis épouvantés, lorsque Bastienne s'empara d'un tonneau de poudre et le laissa tomber au milieu du feu. autour desquels les soldats attendaient que les grandes portes de chêne fussent brûlées. Le château trembla jusqu'à ses fondations et la cour était jonchée de morts et de mourants. L'avance fut stoppée ; Les hommes de Roberval se rallièrent, se précipitèrent hors du château et remportèrent une glorieuse victoire contre un nombre écrasant. Bastienne elle-même fut très secouée par l'explosion et terrifiée par sa propre audace. Jusqu'à la fin de ses jours , elle se crut hantée par les esprits des malheureux Espagnols qu'elle avait envoyés à une fin si effrayante.

Elle se tenait sur le pas de la porte, haletante à force de monter les escaliers avec une hâte inhabituelle.

" Madame ", s'écria-t-elle d'un ton qu'elle voulait être étouffé, en s'approchant des filles avec un air mystérieux d'avoir quelque chose d'important à communiquer, "je crains qu'il n'y ait des ennuis. En passant Dans la chambre du sieur de Roberval, je l'ai vu tout à l'heure faire des passes féroces avec l'épée qui pend au-dessus de la tête du sanglier. S'il n'est pas possédé du diable, — et elle se signa précipitamment, — il doit se préparer à un duel, et à son âge aussi ! Que le ciel ait pitié de nous tous, s'il lui arrive quelque chose ! Que faire ?

- S'il s'exerce avec cette fameuse lame, dit Marguerite en se tournant vers Marie avec un sourire confiant, votre ami aura besoin de toute son habileté pour le désarmer. C'est une Tolède magnifique et n'a jamais connu la défaite. Mais comme " Vous dites," et son visage s'assombrit de nouveau, " il faut faire ce que nous pouvons pour empêcher une fin fatale au duel. Bastienne , sois prête à m'accompagner ce soir à neuf heures. Et ne dis rien à personne de ce qui se passe. " vous l'avez vu. Votre maître a probablement de bonnes raisons pour quoi qu'il fasse, et il serait très indigné s'il pensait que quelqu'un avait observé ses actions.

La vieille femme, réprimandée, quitta la pièce en murmurant tout en partant, et les deux jeunes filles commencèrent à faire leurs plans.

Ce soir-là, un peu avant l'heure dite, après avoir mis le vieux Bastienne dans leurs confidences, ils quittèrent secrètement la maison et se dirigèrent vers le lieu du rendez-vous qui, comme on l'a dit, n'était qu'à une courte distance. Tous trois furent bientôt installés dans le petit escalier exigu et étroit que Marguerite avait décrit, et attendirent avec une certaine appréhension l'arrivée des concurrents.

Il était difficile de faire taire Bastienne . Une lune brillante brillait dans un ciel clair et une douce brise venant de la Manche, froide et perçante, s'infiltrait. Les jeunes femmes le sentaient à peine ; mais les vieux os de Bastienne lui faisaient mal, selon elle, comme ils ne l'avaient jamais fait auparavant. Cependant, à force de menaces et de supplications, ils réussirent à la faire taire ; et pas trop tôt, car un pas vif se fit entendre approcher, et l'instant d'après une voix gaie soliloque près d'eux :

"Au clair de lune, je devrais dire que j'étais arrivé un peu en avance. Il est temps de réfléchir cependant. Il est toujours bon de réfléchir à ses chances dans l'autre monde juste avant un combat."

Tout en parlant, il se plaça à quelques mètres de l'endroit où les filles étaient cachées et commença ses réflexions sur le monde aux portes duquel il se tenait, en trollant une chanson à boire gaie. Une fois terminé , il se précipita imprudemment dans une chansonnette espagnole commémorant la défaite du roi François à Pavie. Il fut interrompu par une voix colérique à son côté :

« Un passe-temps agréable pour un fils de France : chanter la gloire de ses ennemis !

" Alors ho!" répondit joyeusement La Pommeraye , la colère de Monsieur n'est pas encore apaisée. Je n'ai jamais pensé aux paroles, c'est l'air qui m'a emporté, et peut-être la belle description que la chanson donne de la position du roi François en ce jour fatal. " Personne ne se réjouit et pourtant ne regrette plus que moi ce combat. J'y ai gagné mes éperons, et je suis ici pour les défendre ce soir. Mais comment se comporte la belle pour le compte de laquelle nous nous rencontrons ? " C'est dommage qu'elle ne devrait pas être là pour assister une seconde fois aux actes courageux de son amant.

"Méchant!" fut la réponse indignée, "avant de proférer d'autres insultes, sachez que vous parlez de mademoiselle de Roberval, ma nièce, dont vos viles lèvres ne sont pas dignes de prononcer le nom. Dessinez et défendez votre vie !"

"J'espère que le sieur de Roberval me pardonnera mon erreur", dit La Pommeraye en reculant en s'inclinant, tandis que tout son air se changeait en une déférence respectueuse. " Si j'avais connu les circonstances, je n'aurais pas été si prêt à vous proposer le deuxième concours. À la lumière de la lune, je me suis trompé sur votre âge. Votre habileté avec l'épée est, j'en suis conscient, à juste titre renommée, mais ma jeunesse et " La force me donne l'avantage. Acceptez mes humbles excuses, Sieur, et finissons cette querelle sans coups. Je quitterai Saint-Malo tout de suite, et ma présence ne vous rappellera pas cette bien malheureuse affaire. "

La voix du noble était assez étouffée par la rage.

"Dessine, lâche !" siffla-t-il. " Il ne suffit pas que vous insultiez, dans la personne d'une jeune fille sans protection, le plus vieux nom de France, mais vous osiez narguer avec âge et inhabileté un homme dont l'épée est déshonorée en étant croisée avec la vôtre. Si mon âge était trois fois plus grand que ça l'est, mon bras aurait encore la force de défendre l' honneur de ma maison. Tenez-vous sur vos gardes ! Tout en parlant, il fit un bond violent et soudain, qui aurait surpris un adversaire moins méfiant, et mit fin au duel sur-le-champ.

Il fut accueilli et paré , et une contre-attaque froide et régulière coupa le cordon du manteau autour des épaules de De Roberval.

" Vous vous battez désavantagé avec ce manteau sur vous, Sieur. Je l'ai ôté ", dit La Pommeraye sans mépris dans la voix, mais avec un sang-froid qui indiqua à de Roberval qu'il était bien entre les mains de un adversaire contre lequel il n'était pas de taille.

CHAPITRE III

Si les deux combattants n'avaient pas été si profondément absorbés à ce moment-là par leurs propres affaires, ils n'auraient pas pu manquer de découvrir la présence des trois femmes ; car à la vue de son maître à la merci de son adversaire, comme elle le supposait, Bastienne oublia sa prudence et ne put réprimer un cri. Mais d'autres démonstrations de sa part furent aussitôt étouffées dans l'œuf, si l'on peut employer l'expression en référence à la bonne bouche picarde de Bastienne , par une application prompte et déterminée de la main de sa maîtresse. L'œil vif de Marguerite avait vu que son oncle n'était toujours pas blessé ; et il ne faut à aucun prix révéler le secret de leur cachette. Elle tenait fermement Bastienne jusqu'à ce qu'elle sente les lèvres de la vieille servante se serrer sous sa main, en signe de soumission à l'inévitable ; puis, avec un avertissement murmuré, et sans lâcher son emprise sur le bras de la femme, elle tourna de nouveau toute son attention vers la scène qui se déroulait devant eux. Marie, quant à elle, n'avait jamais quitté La Pommeraye des yeux et suivait chacun de ses mouvements avec un intérêt haletant.

Les deux hommes se tenaient pieds contre pieds, les yeux dans les yeux, s'observant comme seuls des épéistes entraînés peuvent se regarder. Ils se balançaient d'avant en arrière dans la claire lumière de la lune, leurs épées s'entrechoquant et chantant tandis qu'ils paraient ou poussaient. Le visage de Roberval, toujours ridé et dur, avait maintenant une expression de haine diabolique. Il était aussi pâle que les murs des maisons au clair de lune, et ses yeux brillaient d'un feu meurtrier. Il semblait insouciant de sa vie et se jetait sauvagement sur son adversaire chaque fois qu'une partie de son corps était laissée sans surveillance.

Il en fut autrement de La Pommeraye . Confiant dans sa victoire, il souriait calmement à la rage de l'autre, s'élançant parfois d'un coup droit vers une partie du corps de son adversaire, ce qui révélait à Roberval à quel point il était entièrement au pouvoir du bon géant. Le clair de lune, qui rendait le visage froid et pierreux du vieil homme, semblait illuminer avec chaleur les beaux traits du plus jeune.

Roberval remarqua le sourire alors que le clair de lune brillait en plein sur La Pommeraye , et sa fureur augmenta. Il se précipita violemment sur lui et le frappa avec la dextérité qui avait fait de lui l'épéiste le plus distingué parmi les nobles de France. La Pommeraye dut se déplacer avec une rapidité fulgurante pour éviter une blessure ; et une fois, en effet, il ressentit une sensation de picotement près de son cœur, et comprit à la chaleur qui régnait à ses côtés que le sang coulait.

Il ne suffirait pas de plaisanter plus longtemps. Comme si un tourbillon était entré dans son bras, son arme filait çà et là avec une telle rapidité que Roberval oubliait sa haine et ne songeait qu'à repousser l'attaque. Mais c'était inutile. Une fois, deux fois, trois fois, il fut touché, si légèrement touché qu'il n'en coula pas de sang, et au moment où il s'apprêtait à baisser son épée vers son généreux adversaire, qui évidemment jouait avec lui, il aperçut dans les yeux de La Pommeraye que lui dit qu'il s'apprêtait une nouvelle fois à tenter de le désarmer.

Une telle honte et une telle humiliation doivent être évitées. Il s'est préparé à la lutte. Il décida si possible de lier la lame de son antagoniste. Mais en vain. Le tour était ancien, et d'ordinaire facile à déjouer ; mais le bras qui le pratiquait maintenant était celui d'un géant . De Roberval essaya vainement de retenir son épée. Son poignet sembla soudainement brûler et craquer, et un cercle de lumière apparut devant ses yeux. C'était son épée, arrachée de sa main et lancée par-dessus le mur dans l'eau. Un arc argenté frémissant marquait l'endroit où il était tombé. La Pommeraye se tenait du même air imperturbable qu'auparavant. Il souriait comme seul un vainqueur peut le faire, mais il n'y avait ni mépris ni pitié dans son sourire.

— On ne me dira jamais que j'ai été battu, dit impétueusement Roberval en arrachant de sa ceinture un poignard à garde de pierreries.

"Tiens ta main", dit sévèrement La Pommeraye , en voyant l'homme affolé diriger l'arme vers sa propre poitrine. "Montez ce jouet et soyez un homme. Vous avez été battu à juste titre, comme tous ceux qui ont croisé le fer avec moi. Ce n'est pas une honte, mais personne ne saura ce qui s'est passé ici ce soir, à moins que ce ne soit de votre propre bouche. ".

Mais ses paroles sont arrivées trop tard. Le poignard, projeté vers le bas, frappa la poitrine de l'homme entiché, qui tomba apparemment sans vie.

Un cri sauvage retentit derrière le mur. C'était Bastienne , qu'on ne pouvait plus retenir. Mais ni Marguerite ni Marie ne lui prêtaient attention, car toutes deux s'étaient précipitées aux côtés de l'épéiste prosterné.

Il était tombé sur la face, et Marguerite se jetait sur lui. La Pommeraye avait déjà vu mourir des hommes ; il en avait tué quelques-uns en son temps, tant sur les champs de bataille qu'en combat singulier ; mais jamais auparavant il n'avait eu le même mouvement de conscience qu'il éprouvait maintenant au spectacle de cette belle fille accablée par le chagrin qu'il lui avait causé. Mais sa faiblesse n'a duré qu'un instant.

« Mademoiselle, dit-il en s'approchant, peut-être pourrons-nous encore faire quelque chose pour votre oncle. Sa blessure ne sera peut-être pas mortelle.

Il se pencha pour l'aider à se relever, mais elle se releva seule et s'écarta de lui avec le seul mot méprisant qu'elle lui avait lancé la veille : « Lâche !

La Pommeraye se penchait sur la silhouette sans vie à ses pieds. En le retournant avec respect, il remarqua qu'il n'y avait aucune trace d'une lutte à mort sur les membres ou sur le visage. La mort semblait s'être installée soudainement. Mais non! il sentait le cœur, il battait encore ! Le poignard n'avait jamais percé la poitrine ! Son regard croisa soudain l'arme à garde-bijou posée sur le sol.

« Mademoiselle, s'écria-t-il en le saisissant joyeusement, votre oncle vient seulement de s'évanouir. Voici son poignard intact de son sang.

Il le tendit là où elle se tenait un instant auparavant, mais elle avait disparu et à sa place se tenait De Pontbriand .

"Je suis heureux de vous entendre dire cela", remarqua ce dernier. "S'il était tombé sous votre épée, cela aurait été un coup dur pour sa nièce."

Un gémissement annonça que De Roberval se remettait. Si La Pommeraye était un bon épéiste, il était également un joyeux menteur. Il se rendait bien compte à quel point Roberval était profondément blessé par la honte de sa défaite.

« Il y avait peu de danger qu'il tombe devant mon épée », dit-il ; « Son manteau, qui avait été jeté à terre, s'est emmêlé avec ses pieds, et il est tombé ; et plutôt que de donner à un adversaire la satisfaction de dire qu'il avait épargné sa vie, il a tiré son poignard, comme j'aurais dû le faire sous des conditions similaires. circonstances, et aurait mis fin à sa propre existence, mais la main de la Providence est intervenue d'une manière étrange.

Il était toujours agenouillé à côté de l'homme tombé et, quelque peu surpris, il sentit sa main se serrer et se serrer, montrant que son explication avait été comprise et acceptée.

De Roberval fut bientôt complètement revenu à lui. Il essaya de se relever, mais lorsqu'il posa sa main droite sur le sol, il retomba en gémissant. La Pommeraye comprit en un instant ce qui n'allait pas. La force de ses efforts pour désarmer de Roberval lui avait brisé un os du poignet.

« Sieur, dit-il, vous avez dû tomber lourdement, votre poignet est cassé.

Tel fut le cas, et ce fut une heureuse mésaventure pour la maison de Roberval. C'est cela qui lui a sauvé la vie. Il avait dégainé son poignard, l'avait levé pour porter le coup, mais en l'abaissant, il avait tordu si violemment le poignet cassé que la douleur soudaine lui avait fait perdre connaissance, et le poignard, touchant à peine sa poitrine, tombait sous lui dans la poussière.

"Monsieur, laissez-moi vous aider à vous relever", dit La Pommeraye , et, tout en parlant, il plaça son bras fort sous le noble couché et le souleva comme s'il eût été un bébé.

De Roberval était comme dans un rêve. Il semblait à peine se rendre compte de ce qui s'était passé jusqu'à ce qu'il aperçoive Cartier et Pontbriand à proximité.

"Qu'est-ce qui t'amène?" il a presque crié.

"Nous avons entendu le cri d'une femme, répondit Cartier, et craignant qu'une malheureuse blonde n'ait eu un accident, nous nous sommes précipités à son secours."

"Un cri de femme ! Quelle femme ?" et de Roberval regarda autour de lui en toute hâte ; mais les trois femmes avaient discrètement disparu.

Avant qu'il puisse dire quelque chose de plus , il fut interrompu par La Pommeraye , qui s'approcha galamment et, lui tendant une épée dégainée, dit : « Laissez-moi, Monsieur, vous présenter votre arme, que vous avez perdue en enfilant si malheureusement votre arme. manteau."

C'était un mensonge, et le regard de De Roberval montrait qu'il en était conscient. Peut-être avait-il vaguement conscience de s'être déjà engagé par son silence dans l'explication de son généreux adversaire, ou bien sa vanité blessée était-elle trop forte pour lui permettre d'avouer son humiliation devant les deux autres hommes ; en tout cas, il répondit avec un effort de dignité : « Je vous remercie, Monsieur, mais il faut que vous me la rengagiez, car ma main droite est impuissante.

Sans un mot, La Pommeraye souleva le fourreau et enfonça la lame.

« Vous êtes généreux, dit de Roberval, et j'espère que vous apprendrez à être aussi honorable que vous êtes généreux. Je suis blessé et je guérirai bientôt ; mais le baiser qui brûle sur la joue de ma nièce est une blessure dont elle ne s'en remettra jamais."

A ces mots, une épée jaillit de son fourreau, et de Pontbriand se tenait féroce et défiant devant son ami.

"Donc!" cria-t-il, c'est Marguerite de Roberval que vous avez osé embrasser, vous dont les lèvres sont souillées des baisers de mille amours ! Dessinez et défendez-vous !

"Dessine, Claude ! Jamais !" et il resserra son manteau autour de lui, pour ne pas laisser paraître qu'il n'était pas armé. "Jamais, Claude. Ami amoureux, ami à la guerre, ami à la mort, même si cet ami donne le coup. Frappez si vous voulez; j'ai fait du déshonneur , et aucune main n'est plus digne de punir le déshonneur que celle de Claude de Pontbriand ."

"Assez de ça", interrompit De Roberval. " Levez votre épée, de Pontbriand . Il s'est excusé et j'accepte son explication. Toute l'affaire est née d'une erreur. Il serait bon cependant, ajouta-t-il en se tournant vers Charles, que cela vous donne une leçon. sur le manque de virilité d'agresser toutes les femmes non protégées que vous pourriez rencontrer. Mais où, » et il se retint soudain et jeta un regard perçant autour de lui, « est la femme dont vous avez entendu le cri ? Y avait-il quelqu'un d'autre ici ?

"Nous étions à peu de distance, Sieur," dit de Pontbriand , "quand nous avons entendu le cri, et quand nous sommes sortis à découvert, il semblait certainement y avoir ici un certain nombre de personnages, dont trois ont disparu à notre approche dans le champ. l'ombre de ce mur ; et quand je me suis retourné pour les chercher, il n'y avait personne en vue. »

Le fait est que l'œil vif de Marie avait aperçu les deux hommes alors qu'ils émergeaient au clair de lune et se dirigeaient vers eux, et, comme un éclair, elle avait entraîné les deux autres femmes dans l'ombre du mur. A l'instant où elles reconnurent les voix, sachant que tout était sain et sauf, et craignant d'être découvertes, les deux jeunes filles saisirent chacune un bras du vieux Bastienne , et profitant de la surprise momentanée provoquée par la découverte par Claude de l'identité de l'adversaire de Charles, Ils s'étaient dirigés vers la rue la plus proche, avec une rapidité à laquelle les jambes de la vieille servante n'étaient absolument pas habituées, et ne se reposèrent que lorsqu'ils l'eurent déposée, essoufflée et haletante, à la porte de leur propre maison.

Charles, quant à lui, se taisait discrètement. Il aurait pu croire qu'il avait rêvé toute la scène si De Pontbriand n'avait pas pu se porter garant du cri. Quoi qu'il en soit, il n'y avait plus aucune trace des trois femmes, et après un examen approfondi de tous les endroits possibles où ne serait-ce qu'une souris aurait pu être cachée, ils abandonnèrent les recherches. De Roberval parut un peu perturbé.

« Vous avez dû vous tromper, dit-il à Claude. "Il ne peut certainement y avoir personne ici. En tout cas," continua-t-il, "il faut maintenant considérer l'affaire comme terminée. De Pontbriand , vous ne devez pas vous lancer dans des querelles. Nous aurons besoin de tous nos bons hommes si nous embarquez dans cette expédition canadienne à laquelle je pense maintenant.

"Bien bien!" s'écria Cartier en jetant sa casquette en l'air comme un écolier. " Lève ton épée, Claude, et faisons venir notre vieil ami ; nous aurons besoin de lui. Et, La Pommeraye , garde-toi d'attirer sur toi la colère de tes amis. Il est facile de combattre des ennemis, mais celui qui fait de son ami un ennemi perd quelque chose qu'il ne pourra jamais retrouver. Demain donc, rencontrons-nous et discutons de nos projets.

En quelques minutes, le groupe s'était séparé. Cartier et De Pontbriand escortèrent Roberval jusqu'à sa demeure, tandis que La Pommeraye s'éloignait de la ville et se dirigeait vers les vastes champs éclairés par la lune. Il était agité et perturbé. L'image de Marguerite de Roberval lui hantait l'esprit, et il ne pouvait se débarrasser de l'impression inquiète que l'empressement de Claude à défendre son honneur avait autre chose derrière lui qu'une simple bravoure chevaleresque. Et puis, comment est-elle arrivée si soudainement sur la scène du conflit ? et où avait-elle disparu ? Il marcha toute la nuit, ne se souciant pas d'où, absorbé dans ses réflexions sur les circonstances mystérieuses qui entouraient la belle fille qui avait fait une si forte impression sur son imagination ; et les premières lueurs de l'aube le retrouvèrent à l'endroit où le combat avait eu lieu. Regardant distraitement par-dessus le mur, son œil aperçut la lueur de l'épée de De Roberval à quinze pieds sous la surface de l'eau claire. Il n'y avait personne. En un instant, il fut déshabillé. Il plongea rapidement et l'instant d'après, l'épée était dans sa main. Lorsqu'il revint à la ville, il attendit qu'il fasse plein jour, puis se dirigea d'un pas impatient vers la maison où il avait porté la forme inconsciente de Marguerite deux nuits auparavant. Frappant à la porte, il attendit, incertain de ce qu'il devait dire ou faire, et timide comme un écolier pour la première fois de sa vie. Le vieux domestique grincheux qui ouvrit la porte l'informa sèchement que son maître était toujours au lit.

« Dites-lui, dit- il , que Charles de la Pommeraye désire le voir dans sa chambre, si possible.

Au bout d'un instant, le serviteur revint et, le guidant à travers une salle longue et sombre, l'amena dans une chambre ornée de trophées de combat. Sur un canapé au centre , surplombé de lourds rideaux, gisait de Roberval, hagard et épuisé, après avoir visiblement passé une nuit blanche.

« Vas-y, Jean, dit-il en faisant un signe de la main à son domestique.

Quand la porte fut fermée, La Pommeraye s'avança et s'inclina : « Monsieur doit me pardonner ma visite, mais j'ai repêché son épée, et j'ai cru bon de la lui apporter tout de suite. Ah ! je vois la mienne par terre ! Il n'a pas souvent subi un tel traitement ; mais il a été utilisé dans une querelle déshonorante et mérite le déshonneur . »

Tout en parlant, il le prit avec amour et le remit dans son fourreau.

Les larmes brillaient dans les yeux de De Roberval alors qu'il prenait sa lame bien-aimée dans sa main gauche, mais sa voix était dure et froide.

"Je vous remercie, Monsieur," répondit-il glacialement. "Vous en ajoutez une de plus aux obligations sous lesquelles vous m'avez déjà placé."

La Pommeraye vit quel effort il avait fallu au noble pour faire ce léger aveu. C'était comme avaler la ciguë la plus amère pour reconnaître sa dette envers l'homme qui l'avait vaincu et dont la générosité l'avait protégé de la disgrâce. Le jeune aventurier était assez astucieux pour comprendre que s'il voulait gagner les faveurs de l'oncle de Marguerite , il ne devait pas blesser davantage sa vanité et son orgueil. Il sentit qu'il serait prudent de se retirer, et, après avoir exprimé en quelques mots ses regrets pour l'insouciance qui avait été la cause de cette malheureuse affaire, il allait quitter la salle, lorsque de Roberval le rappela.

« Restez, dit-il, j'ai mené de nombreuses batailles, mais hier soir, j'ai combattu avec l'homme le plus honorable , quoique le plus irréfléchi, de France. Cet après-midi, à quatre heures, Cartier et De Pontbriand me rencontrent pour réfléchir à la question. expédition au Canada. Joignez-vous à nous dans nos conseils ; nous ne pouvons que bénéficier de l'expérience et du courage d'un soldat si distingué et qui connaît si bien le Nouveau Monde.

La Pommeraye baissa la tête et se retrouva dans les rues où la vie commençait à peine à s'agiter. Il arriva bientôt à l'auberge où il avait eu recours pendant des années à Saint-Malo, et après un petit-déjeuner qui aurait satisfait Goliath lui-même, il se rendit dans sa chambre pour récupérer quarante clins d'œil pour se préparer et se rafraîchir pour de nouvelles aventures.

CHAPITRE IV

Quelques minutes avant l'heure désignée par Roberval, La Pommeraye apparut devant la maison, devenue désormais une sorte d'aimant à ses pas. En général, sa nature insouciante le rendait peu ponctuel, et il n'était pas rare qu'il fasse attendre ses adversaires lorsqu'il avait un duel à portée de main. Ce soir-là, cependant, il espérait apercevoir Marguerite, ce qui le fit tenir à son rendez-vous. Il scruta les fenêtres alors qu'il passait de l'autre côté de la rue, mais personne ne semblait croiser son regard impatient. Le cœur palpitant comme celui d'un écolier à qui quelque blonde aurait souri ou froncé les sourcils, il revint lentement sur ses pas jusqu'à la lourde porte de chêne. Le même vieux domestique qui l'avait admis le matin répondit à sa porte, et on le conduisit dans une pièce vaste, mais très simplement meublée, où de Roberval était assis devant une table couverte de papiers et de cartes. Les murs de la pièce étaient ornés d'images représentant la chasse, le champ de bataille et des sujets religieux – la brutalité de la guerre côtoyait étrangement la douce Madone et le plus doux Christ. Dans un coin se trouvait une statue de Bacchus, dans un autre, une tête de mort avec des os croisés. Des trophées de chasse étaient dispersés çà et là ; et une paire d'épées croisées surmontait un crucifix en ivoire qui pendait au-dessus d'un *prie-Dieu* bien usé .

« Vanité et ambition », se disait La Pommeraye en regardant autour de lui.

Ces mots résument bien le caractère de De Roberval. Il ne voulait pas d'homme plus grand que lui dans la nation. Lors de la fameuse rencontre au «Champ du Drap d'Or», entre Ardres et Guines en Picardie, tous les nobles s'efforçaient de rivaliser avec la splendeur de leur roi Henri VIII. et François Ier, et ils vinrent à la réunion, comme l'a dit Martin du Bellay, « emportant sur leur dos leurs moulins, leurs forêts et leurs prairies ». Parmi eux, Jean François de la Roque, sieur de Roberval, était le plus resplendissant. De petite taille, il était handicapé dans l'usage de l'épée ; mais, par une pratique patiente, il avait comblé cette lacune et s'était gagné le nom de l'épéiste le plus habile de France. Cette réputation, il l'avait entretenue contre tout venant jusqu'à ce qu'il rencontre l'homme désormais enfermé avec lui. Il enviait au roi son talent poétique et aurait voulu le surpasser dans l'art de la poésie. Mais même avec l'aide de Clément Marot, il avait été totalement incapable de séduire la muse inconstante. Il avait cependant tellement gardé son esprit que sa souveraine, la brillante Marguerite de Nevarre , et le maître de l'esprit de cette époque, Rabelais, se réjouissaient tous de sa société ; et en raison de ses capacités dans tant de domaines et de son ambition évidente, François l'avait baptisé avec humour "Le Petit Roi de Vimeu ". Une chose irritait son cœur ambitieux : il ne pouvait pas être roi. Qu'il soit aussi fort, aussi intellectuel, aussi populaire que possible, François pourrait toujours le mépriser depuis le trône.

Cartier, bien qu'il fût un marin franc, avait lu avec exactitude la nature de cet homme et, en s'efforçant de le gagner à sa cause, il avait souligné l'occasion que lui donnerait le Nouveau Monde de régner en monarque absolu, non pas sur une province, mais sur un continent aux frontières illimitées. l'étendue et la richesse. Roberval, comme un goujon insensé, mordit à l'hameçon et était bien décidé à tenter l'aventure. Mais pour les impressionner de son importance, il avait convoqué à cette réunion de Pontbriand et La Pommeraye pour discuter avec eux et les convaincre du sacrifice qu'il s'apprêtait à faire pour son pays et de sa répugnance à quitter la vieille France.

Malgré la vanité et l'ambition de cet homme, l'enthousiasme, le courage et la volonté que de Roberval mettait dans tout ce qu'il entreprenait étaient des qualités admirables, et tandis que La Pommeraye regardait dans ses yeux gris acier et admirait son front haut et lisse et ses traits finement - bouche ciselée , il sentait qu'il était en présence d'un meneur d'hommes né.

Roberval accueillit son salut avec une sévérité à laquelle Charles n'était guère préparé.

"Monsieur est le bienvenu chez moi", dit-il glacialement. — Mais pourquoi a-t-il mis si longtemps à se décider à entrer ? Je vous ai vu, ajouta t il en fixant son regard aigu sur le jeune homme, passer deux fois de l'autre côté de la rue.

Les mots étaient assez simples, mais le ton disait à La Pommeraye qu'ils contenaient un monde de sens. S'il pouvait être prêt avec l' épée , il pourrait l'être également avec la langue.

« Sieur de Roberval, dit-il en croisant le regard du noble d'un regard franc et direct, je ne suis pas stupide. Je vois que vous avez lu le sens de mon acte, et même s'il appelle votre colère sur mon tête, je vais m'avouer à vous. Votre nièce est la cause de mon passage et de mon regard grossier sur vos fenêtres. Je l'aime, et à moins qu'un prétendant plus favorisé n'ait déjà gagné son cœur, j'ai juré de me prouver digne d'elle. main, si Dieu le veut. »

"Silence!" » faillit crier de Roberval. "Si Dieu le veut mille fois, cela n'arrivera jamais. Je m'y opposerai. Mais pourquoi gaspiller des mots ?" ajouta-t-il d'un ton plus calme. "Ma nièce vous rejetterait comme elle rejetterait un sauvage de Cartier."

"Au début, je n'en doute pas", répondit Charles avec beaucoup de suavité. "Mais, comme vous le dites, nous gaspillons des mots. Nous sommes réunis pour nous consulter sur une grande entreprise, et je vous ai fait part de mes intentions afin qu'il n'y ait pas de double jeu entre nous. Vous me connaissez et vous savez ce que j'ai résolu. à faire, et si vous ne désirez pas que je me joigne à vous dans cette entreprise, vous pouvez m'exclure maintenant. Il y a beaucoup de travail, ou il y en aura bientôt, pour mon épée en France, sans que je l'emmène dans un pays où elle sera seulement de la rouille dans le fourreau.

Avant que de Roberval pût répondre, un grand coup retentit dans la maison, et la voix de Cartier demanda à Jean : « Votre maître est-il là ?

"Oui, c'est vrai, monsieur, mais je doute qu'il vous reçoive. Soit l'Empereur, soit notre bien-aimé roi François est avec lui."

"Qu'est-ce qui te fait penser ça, honnête Jean ?" dit la voix de de Pontbriand .

"Eh bien," répondit le vieux serviteur, "il a répondu à mon maître ! Je l'ai entendu de mes propres oreilles, et j'ai pensé que même le roi lui-même ne ferait pas cela."

"Eh bien, Jean, il a promis de nous rencontrer ce soir; alors, roi ou pas roi, conduisez-nous dans sa chambre."

N'attendant pas de réponse , ils poussèrent vers la porte de la chambre de Roberval, légèrement entrouverte. Avant qu'ils aient pu frapper, de Roberval l'ouvrit en s'écriant : « Bienvenue à notre conférence.

"Voici le roi !" continua-t-il en désignant en riant La Pommeraye . "Jean est un drôle de garçon. Je crains de l'avoir laissé en Picardie; sa langue bouge trop. Mais il n'a pas tort cette fois. L'homme qui pourrait vaincre de Roberval est bien un monarque parmi les hommes."

Il y avait un son d'acier dans sa voix pendant qu'il parlait ; Cartier et De Pontbriand se regardèrent, et tous deux se demandèrent quel sort il réservait à La Pommeraye .

"Mais," continua-t-il, "nous avons beaucoup de travail devant nous ce soir, mettons-nous-y tout de suite. J'espère, Cartier, que vous avez apporté vos cartes, et vous, De Pontbriand , vos notes."

"Nous l'avons fait", dirent les deux hommes en chœur ; "et, ajouta Cartier, ce que nous avons omis La Pommeraye , qui, en quête d'aventures, a erré plusieurs mois dans les forêts vierges, pourra le suppléer."

Les quatre chefs étudièrent bientôt assidûment une carte grossière que Cartier avait étalée sur la table. Ils le scrutèrent attentivement : Charles et Claude avec le doux souvenir des hommes qui avaient visité ces terres lointaines, presque inconnues ; Cartier avec la joie d'un homme qui avait devant lui le continent qu'il avait revendiqué pour son roi ; et Roberval avec l'empressement de quelqu'un qui va s'aventurer dans une grande entreprise qui peut ruiner sa fortune ou faire de lui l'homme le plus renommé de son pays.

Les yeux perçants du noble remarquèrent les puissants fleuves et les larges golfes, sentant qu'ils étaient déjà les siens. L'immensité du grand monde inconnu s'empara de lui. Les forêts de Picardie étaient comme du chaume à côté de ces étendues boisées ininterrompues ; et le fleuve le plus puissant de France n'était qu'un ruisseau en comparaison avec le cours gigantesque de la rivière d'Hochelaga, qui s'étendait à l'intérieur des terres sur des lieues inconnues.

Cartier avait observé sa physionomie et s'était aperçu qu'il était complètement conquis par l'entreprise ; mais Roberval feint de manquer d'enthousiasme. Il se détourna de la carte et dit avec une indifférence feinte : « Je n'aime pas l'aspect du pays. Les bois et l'eau, l'eau et les bois, c'est tout ce que vous avez marqué dessus. Je préfère une terre de champs fertiles et de société civilisée .

"Mais, noble Sieur, vous vous trompez. Il n'y a pas que des bois et de l'eau. Cette puissante Baie des Chaleurs regorge de poissons. Nous avons rempli nos bateaux au fur et à mesure de notre passage, et toute l'Europe s'est-elle mise au régime de poisson qu'une seule baie pouvait leur fournir." " Et les bois, Sieur ! Ils fourmillent d'animaux. Le vison, la loutre, le castor, le renard, y sont aussi nombreux que les moutons et les chèvres le sont chez nous, et aussi faciles à capturer. Il n'y aurait aucune peine à récupérer leurs peaux, ni de temps perdu. en les chassant non plus. Les Indiens rapportaient des peaux par centaines, et tout ce que nous aurions besoin de leur donner en échange serait quelques perles de verre, des anneaux de métal, des images de plomb ou des vêtements criards.

"Assez assez!" dit de Roberval avec impatience. "Vous parlez comme si vous étiez dans l'établissement d'un marchand de Saint-Malo plutôt que dans la maison d'un noble de Picardie."

Claude vit que Cartier avait dépassé le but et vint à son secours.

« Le sieur de Roberval, dit-il, doit pardonner au bon maître Cartier. Il a si longtemps rapporté chez lui les richesses des autres terres qu'il est enclin à considérer la valeur d'un pays par la quantité de richesses qu'il peut y mettre. le trésor de la France. »

— Une façon de penser très louable, et que le bon roi François serait le premier à approuver, répondit le noble d'un ton plus doux.

"Oui", dit Claude, "mais ce n'est pas la seule chose à considérer. Ce commerce nous offre la plus grande opportunité qu'aucun peuple ait jamais eu. Le Nouveau Monde tout entier est imprégné du paganisme le plus dégradant. Les Indiens n'ont aucune notion de Dieu, ou la Sainte Vierge, ou du Christ. Et, Sieur, tandis que les trésors des ruisseaux et des forêts peuvent nous apporter une récompense sur la terre, les âmes innombrables que nous pouvons conduire au ciel nous gagneront des couronnes dans l'éternité.

Claude n'était pas un hypocrite. Il avait commencé à parler du côté spirituel de l'entreprise dans le but particulier d'étayer l'argumentation de Cartier ; mais c'était un fervent catholique, et ses lèvres ne faisaient que faire écho à ce qu'il y avait dans son cœur.

" Pontbriand , répondit Roberval, vous plaidez comme un saint père. Il faudra vous raser la tête et vous donner une robe noire. Mais il y a quelque chose dans ce que vous dites ; quoique propager efficacement le christianisme dans un tel pays exigerait d'énormes efforts. richesse."

"C'est vrai, très noble Sieur," dit précipitamment Cartier, "et si la forêt et le ruisseau ne donnent pas assez , il faudra le déterrer."

"Que voulez-vous dire ? Avez-vous d'autres informations sur les richesses minérales du Nouveau Monde ? Les dernières que vous m'avez données étaient de peu de valeur. Votre métal précieux s'est avéré moins précieux que le plomb, et vos diamants que le quartz. Vous voyez," dit-il. dit en se levant, "comment cet acide affecte votre or."

Il sortit d'une étagère un morceau de métal que Cartier lui avait envoyé.

"La Pommeraye ", dit-il, "il faudra que tu sois pour moi mon bras droit et que tu débouches cette fiole."

Une goutte du liquide tomba sur le métal, qui se décolora aussitôt .

"Non non!" s'écria Roberval. "Vous devrez essayer un autre appât. Je n'irai pas au Canada en espérant remporter l'or."

"Je ne veux pas vous contredire, Sieur, mais éprouvez cette grosseur;" et Cartier, tout en parlant, lui tendit une pépite grosse comme un œuf.

Roberval s'en saisit nerveusement. Il a résisté au test.

"Où!" s'exclama-t-il d'une voix excitée, "tu as compris ça ?"

"De Donnacona , dont vous avez entendu parler et que vous avez vu par vous-même."

"Et où Donnacona l'a-t-il obtenu ?"

"Loin à l'ouest de sa maison de Stadacona , et d'Hochelaga aussi."

— Il faut que je le voie tout de suite, dit Roberval.

"Ce sera difficile, Sieur", répondit Cartier. "Il est au paradis."

"Mort, n'est-ce pas ? Eh bien, à quoi nous servira cette pépite ?" dit Roberval dégoûté et déçu. "Nous pourrions chercher pendant des siècles avant de pouvoir trouver son partenaire."

"C'est vrai, Sieur, mais là où on en a trouvé, il y en a probablement d'autres. D'ailleurs, j'ai ici quelque chose qui peut nous aider dans nos recherches."

Tout en parlant , il déroulait une précieuse carte, gravée sur l'écorce de bouleau avec une arme grossière, comme une pointe de flèche en silex.

"Je l'ai reçu de Donnacona il y a cinq ans, et je l'ai caché au monde jusqu'à ce moment, craignant qu'un malheur ne lui arrive."

Il l'étala sur la table et, sur un coin, reposait la pépite alléchante.

C'était une carte merveilleuse ; la carte d'un monde inconnu de merveilles.

"Je peux au moins jurer sur la véracité de cette partie", a déclaré Cartier. "C'est Hochelaga, et ici sont marqués les rapides difficiles au-dessus. Ces cinq mers intérieures existent sans aucun doute. Beaucoup d'Indiens m'en ont parlé; et voyez, Sieur, celle-ci est incomplète. Donnacona m'a dit qu'aucun Indien n'avait jamais atteint sa fin ; et pourtant il y a des histoires parmi les Indiens d'hommes richement vêtus d'une autre race et d'une autre couleur qui vivent au-delà de ces vastes eaux occidentales. Je n'aime pas conjecturer sur une si grande entreprise, mais ne semble-t-il pas probable que avons-nous enfin devant nous la route de l'Est et du Royaume du Grand Khan ?

« Assez, assez, Cartier ! dit Roberval en riant. "Vous êtes trop enthousiaste. Qu'aurez-vous ensuite à offrir ? Nous avons déjà eu des fourrures, du poisson, du bois, de l'or, de l'argent, des pierres précieuses et des âmes indiennes. Vous devez penser que j'ai besoin d'une grande tentation pour me laisser attirer dans cette entreprise. Mais qu'avons-nous ici, au nord de cet océan ?

"Je suis heureux que vous l'ayez remarqué", a répondu Cartier. "Ces marques grossières sont les mines. Elles sont d'une grande antiquité; et Donnacona , qui n'avait aucune idée de la valeur des métaux précieux, a parlé des hommes d'autrefois qui creusaient pour trouver le métal que nous portions à nos doigts, et de notre Il avait un grand mépris pour de telles babioles et, comme pour nous impressionner de leur inutilité, il se tenait sur les hauteurs de Stadacona et montrait avec fierté les wigwams de sa tribu regroupés au pied de la falaise : « Mais, ', dit-il, 'les hommes qui travaillaient le métal ne sont plus. De puissants chênes poussent sur la terre dans laquelle ils travaillaient.'

Roberval parut à peine tenir compte de cette longue harangue. Il regarda attentivement la carte, et ne leva les yeux que lorsque la voix de La Pommeraye , jusqu'alors silencieuse, retentit à son oreille.

" Ce que Cartier vous a dit, Sieur, est vrai. Moi aussi, j'ai entendu les mêmes récits de sources très différentes. Mais, à mon avis, Cartier et De Pontbriand , en préconisant leur expédition, ont laissé de côté la considération la plus importante. L'Espagne est déjà dans le Nouveau Monde. Cortez a ramené des navires chargés d'or du Mexique ; Ponce de Leon, Garay , Vasquez de Ayllon et Hernando de Soto ont tous ramené chez eux des histoires de trésors et d'émerveillements ; et si la France ne se dépêche pas, elle se retrouvera l'une des moindres puissances européennes. En outre, bâtissons une nation dans le Nouveau Monde, et nous aurons peut-être encore quelques combats. Les rumeurs de guerre qui circulent en France ne sont que des paroles de femme. Ma lame rouille dans le fourreau, et maintenant que l'empereur et le roi François se complimentent comme deux écolières, il est probable que cela le restera longtemps. Mais dans le Nouveau Monde, il y aura une glorieuse occasion de lutter contre l'Espagne. L'Espagnol revendique déjà tout le fourreau. de l'Amérique, et nous nous battrons pour chaque centimètre carré de celle-ci. Un homme fort pourrait fonder un puissant empire sur les rives de l'Hochelaga et mener tous les combats que son cœur désire. J'aimerais être le lieutenant d'un tel homme.

"Et vous le serez", dit fermement de Roberval. "Messieurs, j'ai décidé. Demain, je pars pour avoir une entrevue avec le roi François. Retrouvez-moi ici dans trois semaines et je vous ferai part de mon succès. Il m'a une lourde dette et, je n'en doute pas, il conviendra. et dirigez-vous une flotte pour nous, et donnez-moi les pleins pouvoirs sur le Canada. »

Les trois hommes se levèrent. Cartier et de Pontbriand firent leurs adieux et quittèrent la salle ; mais avant que La Pommeraye ait pu les suivre, le contact de la main de Roberval sur son épaule l'arrêta. La porte se referma sur les deux autres, et Roberval, sans reprendre sa place, dit d'un ton pas méchant :

" Vous êtes un brave garçon ! J'admire votre courage et je serai heureux de vous voir me rejoindre dans cette expédition. Mais une chose que j'ai dû bien comprendre : cet attachement romantique que vous croyez avoir conçu pour ma nièce, je ne dois pas l'entendre. encore. Vous ne l'avez vue qu'une fois, et dans des circonstances qui font qu'il est peu probable que vous la revoyiez jamais. Votre temps sera entièrement occupé aux préparatifs de notre départ; quant à elle, je veillerai à ce qu'elle quitte Saint-Malo. Allez-y, maintenant, et prouvez que vous êtes bien un homme d' honneur en essayant de ne plus la voir. Je vous préviens, vous regretterez le jour où vous contrarierez mon testament.

Le jeune soldat se contenta de s'incliner en silence et quitta la pièce. Alors qu'il entrait dans le long couloir , il remarqua deux silhouettes se tenant près l'une de l'autre dans la faible lumière à l'extrémité la plus éloignée. Ils semblaient engagés dans une conversation étroite. Il reconnut Claude, et son cœur se serra, car il crut que la seconde figure était Marguerite. De Roberval le suivait de près et, avec un généreux élan pour protéger son ami, Charles plaça ses proportions géantes immédiatement devant le petit noble. Mais lorsqu'ils atteignirent la porte de la rue , il fut heureux de trouver Marie debout, disant apparemment au revoir à Claude.

"Où est Marguerite ?" dit sévèrement de Roberval.

"Dans sa chambre, Sieur."

"Je pensais l'avoir vue ici il y a un instant."

— Vous avez dû me prendre pour elle, sieur, répondit Marie sans hésiter, puisque je l'ai quittée à l'instant.

« C'est étrange, pensa La Pommeraye , tandis que les deux jeunes gens quittaient ensemble la maison, que nous ayons tous deux commis la même erreur ; mais sans doute nous pensions tous deux à elle. Mais cette belle demoiselle dans le hall n'est pas du genre à beauté par laquelle j'aurais cru que Claude serait attiré. Mais tant mieux pour moi. La voie est maintenant libre, j'espère.

"Claude," dit-il après qu'ils eurent fait un peu de chemin en silence, "je t'ai vu en sortant dans le hall. Tu avais l'air d'avoir une conversation très passionnante avec cette belle dame, amie de mademoiselle de Roberval, Je conclus. Puis-je être autorisé à lui demander son nom ?

Claude ne répondit pas pendant quelques instants, et La Pommeraye remarqua que son visage exprimait une expression d'inquiétude et de doute. Enfin il dit :

"C'est Mlle de Vignan , pupille du sieur de Roberval. Elle demeure avec lui et est la compagne constante de sa nièce."

"Marie de Vignan ?" s'exclama Charles. "La fille d'Aubrey de Vignan tué au combat il y a cinq ans ?"

"Le même."

"J'aurais su que c'était elle ! Mais comment pourrais-je reconnaître elle ? — Je ne l'ai pas vue depuis que je la tenais dans mes bras, une petite elfe espiègle de cinq ans, lorsque j'étais un visiteur assidu chez son père. C'était pour moi une deuxième maison – en fait, plus une maison que je n'ai jamais connue ailleurs, avant ou depuis. Et voilà mon petit ami et camarade de jeu ! Je te félicite, Claude. Si elle a hérité de la nature de son père et de la douceur de sa mère , elle sera vraiment un joyau. »

À sa grande surprise, Claude ne répondit rien ; et les deux amis marchaient en silence. La Pommeraye ne posa plus de questions, et son ami n'était visiblement pas désireux de donner de plus amples renseignements. Ils rejoignirent bientôt Cartier, qui les attendait, et l'incident fut oublié pour le moment dans la discussion de leurs projets pour le voyage proposé.

CHAPITRE V

Trois semaines fatigantes s'éternisèrent. Cartier était impatient d'obtenir des informations précises sur l'attitude du roi à l'égard de l'expédition canadienne, tandis que Charles et Claude étaient tous deux impatients, pour des raisons qui leur étaient propres, du retour de la nièce de Roberval et de sa pupille, qu'il avait emmenés avec lui à Fontainebleau. Les trois semaines s'allongeèrent en une quatrième, la quatrième en une cinquième, et les aventuriers commençaient à désespérer, lorsque le fidèle Jean apparut à l'auberge où étaient logés Charles et son ami, porteur d'un billet de son maître.

De Roberval était revenu et le succès avait couronné ses efforts. Le roi lui avait donné tous les pouvoirs pour faire les préparatifs, mais il fallait qu'ils viennent immédiatement chez lui pour recevoir des instructions et entendre de sa propre bouche la générosité de leur noble monarque.

Les deux jeunes hommes s'empressèrent d'annoncer la bonne nouvelle à Cartier ; et tous trois se rendirent à la maison de Roberval, où ils le trouvèrent de bonne humeur. Il avait reçu plus que ce qu'il avait demandé. Anne de Montmorency avait été avec le roi, et une amitié née au « Champ du Drap d'Or » avait fait de lui un ardent partisan du petit noble picard.

Le roi était gagné à la glorieuse cause de l'extension du territoire français et de la conquête des âmes. Il ordonna à Roberval de retourner à Saint-Malo, de hâter ses préparatifs, de rassembler ses équipages et d'attendre sa commission officielle, qui le suivrait dès que les procédures judiciaires nécessaires pourraient être accomplies. Entre- temps , une lettre signée de la main du roi lui donnait tout le pouvoir dont il avait besoin.

« Vous allez fonder un monde nouveau pour la France », avait-il dit à Roberval ; "notre droit de colonisation y est solidement établi, et l'épée et la croix nous rendront forts. Pour vous garder hardis dans les armes et fermes dans la foi, je vous présente cette épée que le saint Bayard a posée sur mes épaules avec le mots : « Celui qui a été couronné, consacré et oint de l'huile descendue du ciel, celui qui est le fils aîné de l'Église, est chevalier sur tous les autres chevaliers » - et avec cette croix d'or, qui enserre un fragment du vraie croix — ces marques dessus sont des coups espagnols ; elle m'a sauvé trois fois la vie sur le champ de Pavie des souvenirs malheureux — avec ce talisman vous pouvez espérer réussir dans le grand pays de Norembega .

Les trois auditeurs enthousiastes le félicitèrent de son succès, mais, sans les écouter, il poursuivit : " Ce n'est pas tout. Écoutez le fond de cette lettre, signée de sa main royale. Une flotte doit être armée immédiatement ; les gouverneurs de toutes les provinces doivent aider à obtenir des armes, et moi (le petit noble parut grandir de plusieurs pouces en prononçant ces mots) je suis créé seigneur de Norembega , vice-roi et lieutenant général au Canada, Hochelaga, Saguenay, Terre-Neuve, Belle Isle, Carpunt , Labrador, la Grande Baie et Baccalaos .

Au fur et à mesure qu'il parcourait cette imposante liste de titres, le sens de l'humour de La Pommeraye prenait le dessus. La terre accidentée et peu attrayante qu'il connaissait si bien se dressait vivement devant lui ; et les termes ronflants dont on l'accable n'atténuait en rien sa rudesse. Il se tourna vers Roberval et, avec un scintillement joyeux dans ses yeux bleus, s'écria : « Le roi François est vraiment généreux, très noble sieur de Nor, il faut pardonner la langue et la mémoire d'un soldat ; je devrai abréger vos titres, sieur de l'Univers. " Mais il y a des difficultés sur le chemin. J'ai sondé les pêcheurs et les marins de Saint-Malo, et aucun ne semble vouloir traverser l'Atlantique tumultueux en tant que colons. Si nous pouvions les attirer pour du poisson, des fourrures ou de l'or, ce serait mais tous redoutent le froid intense et le scorbut auquel tant de leurs compagnons ont déjà succombé.

« Cela n'a pas d'importance, » dit Roberval ; "J'ai tout pouvoir pour recruter des hommes, et les mendiants robustes - et, si toutes les autres ressources échouent, les habitants de nos prisons - seront forcés de monter à bord de mes navires."

— Sieur, ce sera une expérience dangereuse, interrompit Cartier. "J'avais trois criminels avec moi lors de mon dernier voyage, et ils ont empoisonné l'esprit de presque tous les autres hommes à bord du navire."

"Vous oubliez," dit Roberval, "que je suis le commandant de cette expédition. Une main de fer s'abat sur l'homme qui désobéit à mon moindre désir. Les criminels ne sont que des hommes, et ils constateront qu'aucun clé en main ordinaire ne veille sur eux. Mais pourquoi emprunter Travaillons et construisons nos navires, embarquons les provisions et les armons, et les autres difficultés pourront alors être affrontées. Nous avons trois navires maintenant, maître Cartier. Demandez à vos charpentiers de travailler sur deux autres à la fois. et construisez-les en faisant particulièrement référence au passage de l'Atlantique et aux dangers des glaces. Vous feriez mieux de consulter Jehan Alfonse. Vous êtes tous deux d'habiles marins, et ce que l'un néglige l'autre ne manquera pas de pourvoir.

confie ensuite à Claude le soin de superviser l'achat des fournitures. Il faudrait suffisamment de provisions pour trois cents hommes pendant un an au moins ; et il faudrait veiller à ce que tout puisse être précipité à Saint-Malo à tout moment.

"Et vous, M. de la Pommeraye ," ajouta-t-il en se tournant vers Charles, "comme vous semblez avoir déjà pris sur vous de chercher des hommes pour

cette expédition, avez mon autorité pour entrer dans tous les navires du port
, ou dans n'importe quel port de France, et offrez à ces hommes le double de
leur salaire actuel ; et si cela ne les incite pas, allez dans les prisons et
choisissez les hommes que vous jugerez appropriés. Vous reconnaissez un
homme quand vous le voyez ; et cette lettre avec le nom du roi " Le sceau
vous ouvrira les portes de la prison. Pour ma part, je dois partir en Picardie
pour mettre de l'ordre dans mes biens. Je reviendrai aussi vite que possible ;
en attendant, je n'épargnerai aucun effort pour hâter nos préparatifs. "

donc renvoyés, et comme Claude et Charles s'apprêtaient à quitter la maison,
ils regardèrent furtivement autour du couloir. Mais aucun flottement de jupes
ni aucune trace d'occupation féminine ne les récompensaient. Roberval
remarqua leurs regards et, en leur disant adieu , dit d'un ton un peu rude : «
Saint-Malo est un endroit dangereux pour les femmes. J'ai laissé ma nièce à
la Cour. Pour que notre grande entreprise réussisse, il ne faut pas que rien
puisse détourner notre attention. attention de nos plans. Aucun autre souci
ne doit pouvoir interférer avec notre seul objectif en vue : accroître la gloire
et la renommée de notre pays bien-aimé.

Les trois hommes passèrent dans les rues étroites, chacun absorbé dans ses
propres réflexions. Cartier voyait en imagination son nom sur les pages de
l'histoire, à côté de celui de Colomb. Claude n'avait qu'un but immédiat en
vue : planifier comment il pourrait étendre ses expéditions de ravitaillement
jusqu'à Fontainebleau, tandis que Charles, comme le seul moyen d'atteindre
Marguerite paraissait être de gagner la bonne opinion de son oncle, il résolut
de , comme premier pas dans cette direction, de consacrer toutes ses énergies
à la tâche qu'il avait à accomplir.

L'hiver passa rapidement, le printemps se prolongea en été ; l'été touchait à
sa fin et le Nouveau Monde ne semblait toujours pas plus proche. Les navires
étaient terminés et les coques vides naviguaient dans le port de Saint-Malo
en attendant des ravitaillements et des armes. Mais l'argent promis par le roi
n'a pas été versé ; et Cartier se préparait à contrecœur à passer un autre hiver
dans la vieille France. Les prisons de Saint-Malo étaient pleines à craquer de
criminels pour le voyage ; car seuls quelques aventuriers courageux avaient
été retenus par La Pommeraye . En août, Roberval rendit une visite éclair à
sa flotte, inspecta les navires et les hommes et s'exprima avec force sur la
lenteur du roi à tenir sa promesse. Il serait inutile de partir pour l'Amérique
pendant les mois d'automne ; il se décida donc à faire une seconde visite à
Fontainebleau, voir ce qu'on pouvait faire en vue du printemps prochain, et
ramener avec lui sa nièce et sa pupille en Picardie pour l'hiver.

Pendant qu'il était à Saint-Malo, ses pas furent suivis, à son insu, par un jeune
marin basané engagé pour le voyage. Il avait un nom français, mais un visage

espagnol ; et Cartier, le rencontrant un jour dans la rue, s'écria : « Pamphilo de Narvaez, ou son fantôme !

— J'ai été pris deux fois pour cet Espagnol, dont je n'ai jamais entendu le nom avant d'arriver ici, dit le jeune homme. "Je m'appelle Narcisse Belleau. Les ossements de Narvaez reposent au fond du golfe du Mexique, c'est du moins ce que m'a dit M. de la Pommeraye lorsqu'il m'a engagé pour ce voyage."

"Une ressemblance des plus remarquables !" répondit Cartier. " J'aimerais autant avoir le Diable à bord *de la Grande Hermine* que De Narvaez. Rassurez-vous, jeune homme, vous rejoignez un des autres vaisseaux. Belleau, c'est votre nom, dites-vous ? Un bon nom, mais un visage de Narvaez ! "

Tandis qu'il se détournait, le jeune Espagnol, tel qu'il était, rit intérieurement : « Un bon nom, en effet ! Et vous et vos camarades regretterez le jour où vous avez regardé ce visage.

Il s'agissait en réalité de Pamphilo de Narvaez, fils du célèbre marin de ce nom, et avait été envoyé comme espion par la cour d'Espagne pour découvrir si les rumeurs d'une puissante expédition en préparation pour occuper le Nouveau Monde - particularité de l'Espagne propriété – étaient vrais. Voyant que Roberval était l'âme de l'entreprise, il résolut d'attendre son heure, de le terrasser et d'épargner à l'Espagne une guerre sanglante en Amérique. Il apprit que Roberval comptait visiter Fontainebleau, et de là partir avec sa nièce pour la Picardie. Une rencontre sur la route, avec quelques casse-cou pour l'aider, mettrait fin à l'expédition et lui apporterait honneurs et prospérité à son retour en Espagne.

Alors il a planifié ; et quand il aurait réussi, il irait en Amérique et terminerait le travail d'exploration commencé par son illustre père.

Pendant ce temps , Claude et Charles, confiant leurs magasins et leurs prisonniers à la charge de Cartier, quittèrent Saint-Malo, sans se dire où il allait. Par des chemins différents, et presque simultanément, ils tournèrent la tête de leurs chevaux vers Paris ; tous deux espéraient rencontrer Roberval et son groupe alors qu'ils traversaient cette ville en route vers leur maison du nord. Ils arrivèrent à destination sans se rencontrer, prirent logement dans des rues voisines et, chacun inconscient de la présence de l'autre, se mirent en route pour s'enquérir de l'heure à laquelle le noble pourrait être attendu. S'ils avaient dû attendre longtemps, ils auraient dû se rencontrer ; mais un jour de novembre, très peu de temps après leur arrivée, une foule gaie de cavaliers arriva au galop dans les rues de la ville. Leurs fanions flottants, leurs plumes penchées, leurs magnifiques pourpoints et leurs manteaux richement ornés, leurs armes finement damasquinées, parsemées de joyaux, et leurs chevaux, aussi richement caparaçonnés qu'eux, disaient tous qu'ils venaient du monde élégant de la Cour à Fontainebleau.

Tel était effectivement le cas ; ils étaient venus escorter de Roberval et sa maison jusqu'ici dans leur route vers le nord. Les deux jeunes gens apprirent où Roberval devait passer la nuit, et aussi qu'il comptait partir de bonne heure le lendemain matin, et chacun rentra dans sa chambre, bien décidé à se lever avec l'alouette pour avoir au moins un aperçu de la foire. dame qui l'avait attiré à Paris.

Mais Roberval était debout devant eux ; et armé de la tête aux talons, et avec une garde du corps composée de quelques robustes Picards , avait déjà quitté la ville. Claude arriva le premier au quartier général du noble et, apprenant le départ de Roberval quelques instants auparavant, éperonna son cheval, espérant le rattraper avant qu'il ne puisse franchir les murs. Cependant, en arrivant à la porte, il apprit que le groupe était déjà passé. Il y avait trois routes qui les mèneraient à l'ancien et célèbre château qui faisait face aux plaines fertiles entre la Bresle et la Somme. Le noble avait choisi la route la plus longue, mais la plus sûre en ces temps troublés. Claude s'arrêta quelques instants pour réfléchir à cette information. Lui aussi était entièrement armé et portait une cuirasse d'acier sous sa cape d'équitation. Sa silhouette splendide et la manière magnifique avec laquelle il plaçait son cheval provoquèrent quelques remarques parmi les gardes de la porte, auprès desquels il s'enquit. Sa résolution fut bientôt prise. Il décida de suivre la route de l'ouest, plus accidentée, qui se confondait avec l'autre à quelques kilomètres de distance. Il gagnerait ainsi un point d'avance sur Roberval, après quelques heures de dure chevauchée, puis il aurait au moins la satisfaction de faire partie de l' escorte jusqu'au château.

Il partit en conséquence ; et à peine était-il hors de vue qu'un deuxième cavalier s'approcha des portes. Lorsqu'il s'aperçut qu'il était trop tard, même pour apercevoir sa déesse, Charles s'était impulsivement lancé à sa poursuite, même s'il n'avait aucune idée précise de ce qu'il espérait gagner même s'il parvenait à la rattraper, aussi gardée soit-elle. La sentinelle qu'il interrogea lui indiqua la direction que Roberval avait prise, et ajouta en outre qu'un seul cavalier venait de le poursuivre en toute hâte, par un autre chemin. Un soupçon traversa instantanément l'esprit de Charles, et la description de Claude fournie par l'homme ne laissait aucun doute sur l'identité du cavalier. Sans s'arrêter à considérer la sagesse de sa démarche, et ne pensant qu'à Marguerite, qu'il ne pouvait espérer revoir une fois derrière ces murs crénelés, Charles fit demi-tour et partit au galop par le troisième des trois chemins mentionnés. C'était un tronçon plus court que l'un ou l'autre des deux autres, mais que peu de voyageurs empruntaient, car chaque kilomètre avait été témoin d'actes de violence de la part des bandes de voleurs qui le hantaient.

Roberval et son groupe avançaient tranquillement sur la route poussiéreuse qu'ils avaient choisie, tandis que les deux jeunes hommes chevauchaient avec une hâte fiévreuse sur leurs sentiers les moins fréquentés. Vers midi, tous trois convergeaient rapidement vers le même point, où ils arriveraient presque simultanément.

Claude, monté sur un coursier rapide, qui l'avait plus d'une fois porté à la victoire dans un tournoi, fut le premier à en arriver là. Scrutant le terrain , il constata qu'aucune cavalcade n'était encore passée par là. Pendant qu'il attendait sur son cheval, le galop mesuré des sabots venant vers Paris lui tomba sur les oreilles. Il ne souhaitait pas rencontrer d'étrangers et se retira donc dans un bosquet épais d'un côté de la route. A peine était-il caché qu'une demi-douzaine de cavaliers robustes, bien montés et armés en tout point, tirèrent les rênes à l'endroit même où il avait pour la première fois arrêté son cheval. Ils inspectèrent précipitamment la route, et, sur un mot de leur chef, s'enfoncèrent dans un bosquet du côté opposé.

"Il y a des ennuis pour quelqu'un ", se dit Claude. " Si je ne me trompe pas beaucoup, le chef de cette bande de coupe-gorges n'est autre que Narcisse Belleau, que, malgré son bon français et ses véhémentes protestations, je crois pour un espion espagnol. Et maintenant à mon poignard et à mon épée ; J'en aurai peut-être besoin. Je voudrais que La Pommeraye ne soit là que pour prêter son œil et son bras à la lutte à venir.

A peine avait-il fini d'examiner ses armes qu'un nuage de poussière s'avançant lentement au loin lui apprit qu'un groupe considérable se dirigeait vers l'embuscade. Il attendit leur approche avec impatience et reconnut bientôt l'escorte picarde de Roberval et les jupes flottantes des femmes. Si les hommes en embuscade les attendaient, ils étaient condamnés, à moins qu'il ne puisse les avertir. Sortir de sa cachette signifiait une mort presque instantanée, mais il fallait la risquer ; il commença donc à se diriger lentement vers la route, et fut bientôt à l'extrême lisière du bosquet. Lorsque de Roberval fut à cent mètres, il éperonna son cheval qui, semblant flairer le danger, s'élança devant la cachette des assassins. L'Espagnol et ses camarades furent tellement surpris qu'ils ne se rendirent pas compte un instant de ses intentions ; mais de Narvaez, jurant, s'écria : « C'est de Pontbriand ; abattez le chien ! Leurs pétronels retentirent, mais les armes maladroites tirèrent à côté du but, et en un instant Claude se retrouva avec ses amis, qui, alarmés par la fusillade et la course folle du cavalier qui approchait, s'étaient arrêtés brusquement. Avant qu'ils aient eu le temps d'interroger de Pontbriand , les Espagnols étaient sur eux et, avec des cris féroces et des épées nues, se précipitèrent dans le groupe qui formait maintenant un corps protecteur autour de Marguerite, Marie et Bastienne . Il y eut un brusque échec des coursiers en course, un fracas d'armes, une lourde chute de blessés, et trois membres du groupe de de Roberval et un des ennemis gisèrent dans la poussière. Alors que De Narvaez passait, il plaça son pétronel contre sa poitrine et tira à bout portant sur De Roberval, mais l'esprit vif Bastienne , qui comprit son intention, frappa le cheval de son maître au nez, et l'animal, courant sauvagement, reçut le contenu de la charge dans le coeur. Les Espagnols revinrent rapidement à l'attaque. Ils n'étaient plus que cinq à s'opposer aux trois Picards restés avec Claude et Roberval, et ils s'attendaient à une victoire facile. Deux des Picards tombèrent avant leur attaque, et de Roberval lui-même fut frappé d'un violent coup de sabre qui entacha son casque. Claude se trouva durement pressé par deux des voyous à la fois. Cela doit se terminer dans un instant.

Mais les coups de feu qui avaient été tirés attiraient un voyageur toujours avide de bagarre. Juste au moment critique, le cheval de La Pommeraye tournait au détour du chemin. Son œil habitué comprit immédiatement la situation. Son épée sortit de son fourreau et, avec une énergie dont il avait rarement besoin, il se prépara au combat. Il fut sur les assaillants de Claude en un instant ; une poussée rapide et un Espagnol costaud tomba en avant sur le visage. L'arme semblait à peine avoir touché l'homme, tant elle fut rapidement retirée ; et du même mouvement qui l'avait tiré, La Pommeraye l'envoya s'écraser sur le casque de l'autre voyou. De Narvaez et ses deux compagnons virent qu'ils étaient déjoués, et, frappant violemment Claude, qui tomba sous leurs coups conjugués, ils se tournèrent pour fuir. Mais ils avaient perdu une seconde de trop. Ce dernier coup fut leur ruine. Charles était sur eux comme un tourbillon. Son épée brillait comme un rayon de soleil destructeur, et deux autres tombèrent sans vie sur la route, tandis que leurs coursiers galopaient sauvagement. De Narvaez se tourna vers son ennemi ; et son visage sombre pâlit sous l'œil féroce du géant français. Ce n'était qu'un instant. Charles croisa le fer avec lui ; une fois, deux fois – et comme s'il avait dit : « Un, deux trois, meurs ! il plongea sa lame à travers le corps de l'espion.

"Un boulot chaud, mais glorieux !" s'écria-t-il tandis que l'Espagnol tombait lourdement dans la poussière. "Cinq en autant de minutes. Mais je dois me tourner vers mes amis."

Bastienne était assise, la tête de son maître sur ses genoux. Marie avait ôté le casque de Claude et révélé une horrible blessure à la tempe. Marguerite se tenait à côté de son cheval, se protégeant les yeux de sa main, le visage tendu et tendu tandis qu'elle observait l'issue du combat. Ce ne fut que lorsque le vainqueur, rouge mais triomphant, son joyeux costume couvert de sang et de poussière, s'avança et ôtant son chapeau presque jusqu'à terre, s'inclina devant elle, qu'elle reconnut La Pommeraye .

"Mademoiselle n'est pas blessée, j'espère ?" dit Charles.

Le sang lui était monté à la joue lorsqu'elle voyait dans leur sauveur son grossier agresseur de près d'un an auparavant, mais elle gardait la dignité tranquille de ses manières. Retirant un gant, elle tendit la main en disant :

"Monsieur, sous Dieu , nous vous devons toute notre vie. Sans votre comparution opportune, que seraient devenues trois femmes sans défense lorsque mon oncle est tombé ?"

Les doigts délicats restèrent un instant dans la poigne puissante de La Pommeraye , tandis qu'il les portait respectueusement à ses lèvres, croyant à peine à sa propre chance. Mais ils se retirèrent aussitôt, et Marguerite courut aux côtés de son oncle.

De Roberval était seulement abasourdi et pouvait sans problème s'en remettre à l'habileté de Bastienne . Il en était autrement de Claude. La blessure était grave, comme Charles le reconnut immédiatement .

« Pardonnez-moi, dit-il à Marie qui, moins maître d'elle-même que Marguerite, avait cédé, une fois la crise passée, et pleurait hystériquement, pardonnez-moi, Mademoiselle, mais il faut que je le sorte du feu et poussière."

De ses mains tendres, il souleva son camarade et le porta à l'ombre. C'était un chirurgien habile — instruit par une expérience fréquente — et, avec l'aide des femmes, il fit bientôt panser la plaie. Cependant Roberval était revenu de son évanouissement et se frottait les yeux avec étonnement de la tournure étrange que prenaient les événements.

"Comment es-tu venu ici?" s'écria-t-il à La Pommeraye .

"Mon mauvais génie m'a poussé à venir en aide à un noble ingrat", répondit Charles en riant. "Mais c'était aussi bien pour vous que je l'ai fait. Cependant, ce fut un grand combat; et si je n'en avais qu'un comme celui-là tous les jours en France, vous ne m'obligeriez pas à aller au Canada. Mais je n'hésiterai pas, Sieur, ajouta-t-il plus bas en prenant Roberval un peu à l'écart, je suis venu ici, ainsi que sans doute de Pontbriand , qui était, je crois, à Paris hier, pour vous accompagner dans votre route vers la Picardie. je le sais mieux, mais nous ne pouvons pas en parler maintenant. »

De Roberval fronça les sourcils, puis s'écria avec enthousiasme :

"Tu es un noble garçon ! Nous étions cinq contre nous quand je suis tombé, et maintenant ton épée sanglante raconte une histoire héroïque. Mais ici, Etienne," et il se tourna vers son seul serviteur survivant, qui était resté tout ce temps là à regarder bêtement La Pommeraye comme s'il eût été un dieu descendu tout à coup du ciel, " regarde le blessé, et toi, Bastienne , aide-le. Tous mes braves gens sont-ils morts ? Voyez ce qu'on peut faire, et puis chevauchez comme le vent vers le à cinq lieues devant nous, et chercher des hommes pour enterrer les morts et ramener les blessés. Mais qu'est-ce que c'est ? De Pontbriand blessé ?

Claude était toujours inconscient. Il fut transporté à l'auberge sur un grossier litière de branches, et là La Pommeraye le surveilla et le soigna jusqu'à ce qu'il soit hors de danger. Mais il était encore trop faible pour être déplacé, et avec le logement et l'assistance misérables qu'offrait l'auberge, son rétablissement risquait d'être lent. Voyant cela, de Roberval le fit transporter dans son château, qui n'était qu'à quelques lieues de là, et là Charles, qui n'était pas inclus dans l'invitation, fut obligé, à contrecœur, de quitter son ami et de retourner seul à Saint-Malo. Il eût été bien plus réticent si les larmes que Marie avait versées, comme il l'imaginait, sur le corps de Claude, ne l'avaient convaincu plus fermement encore qu'elle était l'objet de son affection.

C'est ainsi que Claude passa une grande partie de l'hiver en Picardie, veillé et servi, tandis que ses forces revenaient peu à peu, par les belles mains de Marguerite de Roberval et de sa vive amie et compagne Marie de Vignan .

CHAPITRE VI

L'hiver passa vite, et vers le printemps les forces de Claude lui revinrent lentement. Le médecin qui le servait lui ordonna cependant un repos parfait pendant les mois d'été ; Ainsi, lorsque la nouvelle arriva que Cartier avait ses cinq navires tous prêts à prendre la mer, remplis de provisions et dotés d'un équipage complet, il dut consentir à contrecœur à rester en France. Mais il ne devait pas rester seul. De Roberval ne pourrait pas entreprendre une colonisation permanente en Amérique sans une abondance d'armes à feu, d'artillerie et de munitions de guerre. Mais la vie gaie de la Cour avait épuisé le trésor royal, et pour le moment il semblait que tous ses préparatifs avaient été vains. Le roi François, cependant, était aussi désireux de coloniser le Nouveau Monde que Roberval lui-même, et il envoya un messager à Saint-Malo, ordonnant à Cartier de commencer les préparatifs qu'il avait faits, et promettant d'envoyer Roberval peu après avec trois navires entièrement équipés. avec de la poudre pour stocker un chargeur, des balles pour durer des années et des armes suffisamment solides pour protéger efficacement la colonie destinée.

De Roberval n'était pas à Saint-Malo lorsque la nouvelle arriva, mais La Pommeraye l'était, et l'occasion de porter le message à Picardie lui-même était trop belle pour être perdue.

En arrivant au château, il découvrit, à sa grande déception, que Marguerite était depuis quelque temps à Paris, tandis que Claude était depuis longtemps rentré chez lui à Rouen. De Roberval était cependant toujours là, achevant ses derniers préparatifs de départ. Il entra dans une colère blanche à la nouvelle du retard forcé ; mais il n'y avait aucune aide pour cela. Il renvoya donc Charles dire à Cartier de partir tout de suite et de l'attendre à l'automne. Entre- temps , il devait planter des graines, construire ses forts et préparer des plates-formes pour les pièces lourdes et une poudrière bien protégée.

Il se trouve que Marie était encore au château. Marguerite était allée chez une tante à Paris, et son amie devait la rejoindre avec de Roberval dès que celui-ci aurait définitivement réglé ses affaires et réglé la gestion de sa succession.

Pendant les quelques jours que Charles passa en Picardie, il eut de nombreuses relations avec Mademoiselle. de Vignan , et avec un élan presque enfantin, il la prit dans ses confidences et lui confia son amour apparemment désespéré pour Marguerite. Dans son enthousiasme, il remarquait à peine le peu d'encouragement qu'elle lui donnait, ou bien il interprétait son silence comme un signe favorable . Mais quand il fut parti, la jeune fille au grand cœur et impressionnable resta à le surveiller jusqu'à ce que lui et son cheval ne soient plus qu'un point au loin, puis elle alla dans sa propre chambre, s'enferma et pleura amèrement.

Une semaine plus tard, Cartier se rendait à Hochelaga, et Charles, plongé dans la rêverie, se tenait à ses côtés sur le pont de *la Grande Hermine* , et, les yeux fixés sur les rivages qu'ils quittaient, n'entendait pas un mot de ce que disait Cartier. Le Nouveau Monde avait perdu pour lui ses charmes. Son âme ne connaîtrait de contentement que lorsqu'il serait de retour en France, ou du moins jusqu'à ce qu'il soit de nouveau à la portée de Marguerite de Roberval.

Durant les mois de mai et juin , les navires traversèrent l'océan, pénétrèrent sans incident dans le golfe du Saint-Laurent et remontèrent le large fleuve d'Hochelaga. Les explorateurs débarquèrent au Cap Rouge et commencèrent à défricher la forêt, à semer des graines de navet et à construire des forts. Les travaux étant bien avancés, laissant le vicomte de Beaupré aux commandes du Cap Rouge, Cartier et La Pommeraye entreprennent un voyage d'exploration à l'intérieur du pays, espérant à leur retour retrouver De Roberval au fort.

Pendant tout ce temps, de Roberval était occupé à parcourir la France à toute vitesse ; mais le roi tarda à ouvrir la bourse de la nation, et l'hiver arriva sans qu'aucun préparatif n'ait été fait pour suivre Cartier. Roberval était irrité par la déception, mais était impuissant à faire quoi que ce soit.

Au cours de l'été, il avait pris la résolution soudaine et surprenante d'emmener avec lui sa nièce et sa pupille au Canada. L'annonce de ce projet provoqua beaucoup d'étonnement, mais Roberval n'écouta aucune remontrance. Il faudrait leur organiser un logement spécial à bord de son navire, et ils devraient apprendre à supporter les difficultés et à s'habituer à la vie des colons. Il pourrait s'écouler des années avant son retour en France, et il était bien décidé à ne pas les laisser derrière lui. Quel que soit son objectif réel, il avait évidemment pris sa décision et ne devait pas se détourner de sa détermination. Les filles elles-mêmes ne demandaient pas mieux. Pleins de l'esprit de jeunesse et d'aventure, ils attendaient avec délices la perspective de participer à une expédition sur laquelle étaient fixés les yeux et les espoirs de la moitié de la France , et ils se mirent avec empressement à faire leurs préparatifs de départ.

Cependant, un jour du début de novembre, de Roberval fut surpris par une demande de Claude de Pontbriand , maintenant complètement rétabli, visant à lui permettre de faire ses adresses à Marguerite. Son rejet de la proposition fut si prompt et exprimé en termes si catégoriques que Claude en fut complètement interloqué. Il était pauvre et avait longtemps hésité à déclarer son amour, pensant que sa pauvreté lui serait naturellement une objection aux yeux de Roberval ; mais en termes de naissance et de position, il était pleinement l'égal de Marguerite, et maintenant qu'elle était sur le point d'accompagner son oncle au Canada, où, dans une nouvelle sphère de la vie, tous seraient placés sur un pied plus égal, il avait trouvé le courage de s'offrir comme son prétendant. Mais de Roberval non seulement refusa de l'écouter, mais le renvoya en des termes si hautains que l'orgueil du jeune homme s'en révolta et il demanda des explications. De hautes paroles s'ensuivirent, et la querelle ne fut évitée que grâce à la diplomatie et à la présence d'esprit de Claude, qui se rappelait qu'en cas de duel son cas serait effectivement désespéré. Mais il ne parvenait pas à s'expliquer sur l'accueil grossier qui avait été réservé à sa proposition.

Marguerite avait pourtant la clé de l'énigme. Elle avait entendu de sa vieille nourrice comment, des années auparavant, son oncle s'était épris de la mère de Claude, et comment cette noble dame avait refusé sa main et avait épousé à la place le pauvre mais beau jeune capitaine Maurice de Pontbriand . L'amère rancune à laquelle Roberval devait ce nom semblait renaître à l'idée d'unir un membre de sa famille au fils de son rival couronné de succès. Son caractère était également irrité par le retard prolongé dans le départ de son expédition et par les nombreux harcèlements auxquels il était contraint de lutter. La découverte que Claude avait déjà gagné l'affection de sa nièce ajouta de l'huile sur le feu de sa colère et il interdit toute autre entrevue ou communication entre les amants.

Marguerite avait si longtemps cédé implicitement à la forte volonté de son oncle – qu'elle vénérait comme un père, n'en ayant connu aucun autre – qu'elle n'avait jamais songé à tenter de désobéir. Elle écrit à Claude, qui l'aurait persuadée de le rencontrer furtivement, le suppliant d'attendre, même si elle devait partir en Amérique sans lui. Car, depuis cette querelle avec de Roberval, il serait impossible à Claude de prendre passage sur le même navire, mais il pourrait facilement la suivre. Dans le Nouveau Monde, toutes les conditions de vie seraient changées et, une fois là-bas, ils pourraient espérer obtenir le consentement de son oncle à leur union.

Claude, quoique mécontent de cet arrangement, n'y voyait qu'attendre son heure. Il ne fit aucun autre effort pour voir Marguerite pour le moment, mais surveillait attentivement les mouvements de de Roberval, afin de savoir avec certitude quand il avait l'intention de partir.

L'hiver arriva et le roi ne fit toujours rien. De Roberval était à Paris avec sa maison, et Claude avait élu domicile dans la même ville. Enfin vint une nouvelle qui rendit de nouveau l'espoir au cœur de de Roberval. Le roi s'était enfin réveillé ; bien plus, il avait déjà acheté trois navires, trois navires nobles, et ils se trouvaient encore maintenant dans le port de La Rochelle, prêts à être équipés et armés par Roberval. C'était fin février. Pendant tout le mois de mars, le noble surveilla le stockage de la poudre, le chargement des canons et le recrutement des équipages. Cette dernière chose n'était pas une tâche facile. Mais peu de robustes marins français osèrent entreprendre le voyage et, désespéré, Roberval fut obligé de rassembler ses équipages et ses colons presque entièrement depuis les prisons.

Au début d'avril, tout était terminé ; et par un beau matin, les trois navires traversèrent les îles environnantes, aperçurent pour la dernière fois la tour-lanterne et s'embarquèrent pour l'Amérique. Marguerite et Marie, avec la fidèle Bastienne , se tenaient sur le pont du navire de Roberval, contemplant les rivages de La Belle France. Un nuage semblait planer sur leur départ, et il n'y avait rien de l'excitation joyeuse qu'ils avaient anticipée. Marguerite est partagée entre son amour pour Claude et ses idées de devoir envers son oncle. Un message de de Pontbriand lui avait assuré qu'il comptait se joindre à l'expédition, et elle supposait qu'il avait réussi à s'embarquer sur un des autres navires ; mais son cœur était lourd en elle à la pensée de la vengeance de son oncle quand il l'apprendrait. Elle ne pouvait même pas être sûre qu'il était embarqué, et elle quittait la France, peut-être pour toujours , sans un mot d'adieu de sa bouche.

Marie avait ses propres perplexités intérieures. Dans le Nouveau Monde vers lequel ils se dirigeaient, ils rencontreraient certainement La Pommeraye , et le secret qu'elle lui avait si fidèlement gardé pesait lourdement sur son esprit. Elle avait été plusieurs fois sur le point de le dire à Marguerite, mais pour une raison ou une autre, elle hésitait à prononcer son nom. Ses sentiments à son égard avaient subi un changement qui avait pour effet de lui faire éviter toute mention de l'homme dont les louanges étaient autrefois perpétuellement sur ses lèvres. Elle prévoyait que sa nouvelle rencontre ne lui causerait que du malheur, et pourtant elle ne put retenir un battement de cœur lorsque sa silhouette robuste et ses beaux traits se dressèrent devant elle.

Les deux jeunes filles restèrent silencieuses, les yeux fixés sur le rivage qui s'éloignait rapidement. Le vieux Bastienne , à côté d'eux, fondit en larmes. Elle n'aurait pas abandonné sa jeune maîtresse ; mais à son âge, quitter sa terre natale et affronter les périls d'un pays nouveau et inconnu était une dure épreuve.

Alors que les rivages bien-aimés disparaissaient dans une brume bleue à l'horizon, un pas familier se fit entendre sur le pont s'approchant du triste petit groupe. Marguerite se retourna, avec un frémissement soudain au cœur, et aperçut de Pontbriand .

L'étonnement ne lui laissa aucun mot pour le saluer. Marie se remit la première.

"M. de Pontbriand !" s'est-elle exclamée, "comment es-tu arrivée ici ?"

"Assez facilement", répondit Claude. " Je suis simplement monté à bord hier soir et je suis resté hors de vue jusqu'à ce moment. Maintenant que je suis ici et que nous sommes si loin de la terre, le sieur de Roberval ne peut guère me refuser un logement. Je suppose qu'il ira à peine jusqu'au bout. " de me jeter par-dessus bord.

— Vous ne connaissez pas mon oncle, Claude, dit Marguerite avec inquiétude. "Je tremble pour votre première rencontre avec lui. Il n'a pas l'habitude d'être contrarié. Priez le Ciel que vous et lui ne puissiez plus vous quereller. C'est un homme dangereux, si une fois sa volonté s'oppose."

Presque au moment où elle parlait, de Roberval parut sur le pont et s'avança aussitôt vers eux. S'ensuit une scène houleuse. Claude demanda une entrevue dans la cabane privée de De Roberval. Seul avec le noble indigné, il essaya de calmer sa colère, mais les explications et les persuasions furent en vain. Enfin, inquiet pour Marguerite, et craignant que son oncle ne la soupçonne de complicité dans un complot visant à assurer sa présence à bord et à se venger d'elle, Claude résolut un compromis.

« Écoutez-moi, sieur, » dit-il fermement, d'une voix qui attirait l'attention. "J'aime votre nièce, comme vous le savez, et je la suivrais même si vous l'emmeniez au bout du monde. Mais pour elle, et pour vous prouver qu'elle est innocente de toute connivence avec ma présence ici, je vais "Evitez sa compagnie pour le reste du voyage. Il suffira de la voir de loin et de savoir qu'elle est en sécurité. Vous n'aurez plus à craindre aucune autre intrusion de ma part, du moins jusqu'à ce que le Nouveau Monde soit atteint. Je donne tu es ma parole."

La colère de de Roberval l'avait si bien envahi que la parole semblait l'avoir presque abandonné. Ses paroles étaient lourdes.

« Allez, monsieur, » dit-il enfin en désignant la porte, « et faites attention à la façon dont vous ne respectez pas votre promesse. Si vous osez à nouveau parler de ma nièce comme d'un amant pendant ce voyage, vous mourrez. Et quand nous atteindrons le Nouveau Monde Je prendrai grand soin à ce que vous soyez envoyé à vos affaires. Souvenez-vous de ce que je dis. Si j'apprends que vous m'avez désobéi, je vous pendrai à la vergue, malgré votre noble sang, comme premier exemple du sort. qui rattrapera sûrement l'homme qui ose contrecarrer un De Roberval.

Claude se retint à grand-peine sous ce langage insultant, que seul son inquiétude pour Marguerite aurait pu lui faire supporter. Il savait que de Roberval était tout à fait capable d'exécuter ses menaces ; et il était assez calme pour penser que s'il le provoquait davantage, la situation de Marguerite serait infiniment pire, tandis qu'il n'y avait aucun espoir que quelque chose puisse être accompli par la force. Il se força donc à s'incliner en silence et partit.

Alors qu'il quittait la cabine, il remarqua un individu élégant, à l'air immobile, avec un espion imprimé sur chaque ligne de son visage, debout près de la passerelle ouverte. Il avait un teint vert maladif et, comme pour correspondre à sa teinte, il était vêtu d'un pourpoint vert miteux, d'un bonnet vert grossier, d'un pourpoint vert et de bas de la même couleur . Il s'agit de Michel Gaillon , le premier criminel à mourir en sol canadien. Jusqu'à présent, il avait échappé à la justice, mais il était, alors même qu'il se tenait là, pourchassé haut et bas pour un meurtre brutal. Il ne portait pas de rapière. S'il avait possédé une telle arme, il aurait probablement eu peur de la dégainer de peur de se blesser ; mais comme empoisonneur, il était sans égal en France. Un crime lui avait été rapporté ; il voyait que cela lui coûterait la peau ; et il avait réussi à se cacher à bord *de L'Heureux* , et il allait maintenant expliquer sa présence à de Roberval, comptant sur la chance et son esprit vif pour se frayer un chemin dans les bonnes grâces de ce noble.

Il avait entendu chaque mot qui s'était passé, et il comprit aussitôt qu'il aurait un terrain pour ses machinations diaboliques. Si Claude avait vu le regard avec lequel l'horrible apparition le suivait sur son passage, il aurait frémi d'un sentiment de danger imminent. Il ne se retourna cependant pas et l'Homme en vert, après avoir demandé audience à De Roberval, fut admis dans la cabane.

La main de Roberval se porta à son épée en voyant la figure extraordinaire et la physionomie sinistre de son visiteur.

"Qui es-tu et qu'est-ce qui t'amène ici ?" dit-il sévèrement. "Vous ne faites pas partie de mon équipage."

"Que cela vous plaise, très noble sieur," dit l'homme en s'inclinant profondément, "je suis venu offrir mes services de médecin à votre expédition. Je connais bien les drogues, et avec le couteau aucun homme en France n'est plus habile . ... J'ai rendu la vie au duc d'Orléans , lorsque le médecin de la cour l'avait abandonné ; et...

"Assez!" dit de Roberval, qui n'avait pas un instant quitté son regard aiguisé sur le visage de l'homme. "Assez ! J'ai entendu parler de toi. Tu es Gaillon , l'empoisonneur !"

L'homme recula en tremblant en entendant son propre nom.

— Je t'ai connu dès l'instant où mes yeux se sont posés sur toi, poursuivit de Roberval. "Vous êtes monté à bord pour échapper au sort qui vous attend en France. Si j'avais fait mon devoir , j'ordonnerais de vous jeter par-dessus bord sur-le-champ."

Le misérable restait recroquevillé.

« Très noble Sieur, balbutia-t-il, j'ai fui la France pour mener une nouvelle vie dans un nouveau monde.

"Silence, menteur !" tonna de Roberval. " Vous avez fui la France pour échapper à la mort pour le meurtre de Paul d'Auban . Vous voyez, je connais votre caractère. Mais je me suis rendu compte, continua-t-il avec un sourire sombre, que j'aurais besoin d'un bourreau dans ma colonie avant plusieurs mois, et vous répondriez probablement à mon objectif. Partez ! » ajouta-t-il, son front se contractant avec une colère soudaine, "quittez de ma vue, et veillez à ne tenter aucun de vos projets pendant que vous êtes à bord de ce navire. Tant que vous faites ce que je vous commande, vous n'avez rien à craindre ; mais désobéissez-moi, et je vous enroulerai une cravate du diable autour du cou, et je rendrai service à Dieu en vous envoyant de sa terre bénie. »

Le criminel étonné sortit furtivement de la pièce. En gravissant le passavant , il se disait qu'en laissant ses poursuivants à La Rochelle il semblait avoir sauté de la poêle dans le feu. Mais il voyait clairement son chemin devant lui. En attendant, il obéirait au moindre caprice de Roberval ; et lorsqu'une opportunité se présentait , il s'attirait tellement la bonne opinion du noble qu'il en faisait son confident. Il avait une confiance illimitée en ses propres forces et une ambition sans limites. Le destin semblait lui être favorable . Il avait déjà entendu une entrevue qui l'avait mis en possession de quelques-unes des affaires les plus intimes de Roberval. Il attendrait son heure et attendrait une occasion de mettre à profit ses connaissances.

Certains jours se passèrent sans événement. Claude tenait scrupuleusement à la lettre sa promesse et évitait autant que possible la société des deux jeunes filles. Il partageait le logement d'un ancien camarade d'école, Paul d'Auxhillon , et montait rarement sur le pont lorsqu'il était probable que les femmes seraient là.

Ils faisaient route vers l'ouest sur une mer moyennement calme depuis près d'une semaine, lorsque, par une glorieuse nuit de clair de lune, la brise se raidit et le petit navire commença à tanguer sur les vagues montantes. La cabine était toujours fermée, mais la nuit, Claude passait presque toujours la plupart de son temps sur le pont. Cette nuit-là, il n'avait aucune envie de dormir, et minuit le trouva toujours en train de faire les cent pas , observant l'éclat du clair de lune sur les eaux dansantes.

Vers midi, Marguerite, opprimée par l'air fermé entre les ponts et rendue étourdie par le léger tangage du navire, sortit doucement de sa cabine, sans déranger Marie, et chercha le grand air. Elle n'avait pas été longtemps sur le pont qu'elle s'aperçut de la présence d'un homme qui n'était pas un matelot ordinaire. Pendant un instant, elle crut que la silhouette immobile qui lui tournait le dos était son oncle ; mais un second coup d'œil lui apprit que c'était de Pontbriand . Elle se dirigea sans bruit vers lui, alors qu'il regardait la vaste étendue éclairée par la lune, ses pensées occupées par le sort amer qui le tenait si près de son amour, et pourtant si loin d'elle, et, touchant doucement son épaule, elle respira son nom.

Il se tourna : leurs lèvres se rencontrèrent, et la répulsion du sentiment était si grande que pendant quelques instants ni l'un ni l'autre ne purent parler. Mais ils se trouvaient là où ils auraient pu être observés soit par le timonier, soit par l'homme de veille, et Claude l'attira aussitôt vers l'ombre du gaillard d'avant. Ici, ils étaient à l'abri des regards et pouvaient s'abandonner au ravissement d'être à nouveau ensemble. Ni l'un ni l'autre n'ont remarqué une silhouette sombre accroupie sur le pont derrière un espar, à moins d'un mètre d'eux. C'était Gaillon . Il avait vu Marguerite passer sur la passerelle, et, sachant que Claude était sur le pont, il l'avait suivi, comme une panthère, pour surveiller ses mouvements. Sa vive intelligence devina aussitôt que si une rencontre entre les amants avait été prévue, ils chercheraient probablement l'ombre offerte par le gaillard d'avant ; et dans les quelques instants où leur attention était entièrement absorbée l'un par l'autre, il avait rampé sans bruit sur le pont et s'était caché là où il pouvait entendre chacune de leurs paroles.

Très peu de choses furent dites, mais pas une syllabe ne lui échappa. Marguerite, pour la première fois, permet à Claude de dire des choses dures sur son oncle. Mais malgré tout, elle essayait de lui trouver des excuses.

« Ô Claude, dit-elle, il est fou ! Je l'ai observé jour après jour et je ne voudrais pas le croire. Mais sa violente ambition et les contrariétés auxquelles elle a été soumise ont dérangé son esprit. que la vie active qu'il doit nécessairement mener au Canada lui rendra la raison. Mais il est fou maintenant, et pour moi, supportez-le et faites- lui plaisir . Il a été cruel avec nous, méchant avec moi, brutal avec vous, mais il est pas l'oncle que j'ai connu et aimé autrefois. Son ancienne nature reviendra sûrement lorsque nous serons installés dans notre nouvelle maison, et il consentira à notre mariage.

Claude ne pouvait s'empêcher de penser qu'il y avait peu de raisons d'être encouragé, mais il ne voulait pas dissiper son doux espoir. Ils parlèrent un peu plus longtemps sur un ton plus joyeux, chacun essayant de remonter le moral de l'autre.

"Cher," dit enfin Claude, "pour toi, je serai patient et j'attendrai. Mais tu ne dois pas rester ici. La montre peut nous découvrir, et ta bonne réputation deviendra un synonyme dans notre nouvelle colonie. Dis bonne nuit à moi et pars.

Les deux se sont serrés dans une longue étreinte, ce qui a compensé des semaines de séparation.

" Si jamais vous avez besoin de moi, " dit Claude, " vous me trouverez ici, tous les soirs, à cette heure. Mais ne revenez que si vous avez besoin de moi. Il y a des hommes à bord qui se feront un plaisir de nous faire du mal avec ton oncle. Les yeux de serpent de ce Gaillon me hantent comme un cauchemar.

Ils se sont séparés. Marguerite retourna dans sa cabine ; et Claude, le cœur plus léger, reprit sa marche sur le pont, tout en inconscient que les yeux qu'il venait de décrire le regardaient avec un éclat diabolique qui augurait mal de son avenir.

Enfin il descendit, et Gaillon sortit du coin sombre où il était accroupi, n'osant bouger de peur d'attirer l'attention de Claude . Au moment où il sortait de sa cachette, on lui posa la main sur l'épaule, et il se trouva nez à nez avec un jeune marin picard, nommé Blaise Perron, un honnête et bon garçon, qui avait remarqué les regards noirs et les manières furtives du scélérat en costume vert, et avait décidé de garder un œil sur lui.

"Que faites-vous ici?" s'écria-t-il en voyant Gaillon ramper derrière le mât.

Gaillon répondit par un serment et un avertissement de s'occuper de ses propres affaires et de laisser tranquilles les honnêtes hommes.

"Les hommes honnêtes ne se cachent pas dans les coins et n'observent pas ce que font les autres", répondit le jeune homme qui venait pourtant de monter sur le pont et ignorait la scène entre Claude et Marguerite. "Laissez-moi vous surprendre en train de comploter une méchanceté contre le sieur de Pontbriand , et je vous jetterai d'abord par-dessus bord, et je ferai rapport ensuite."

Gaillon , voyant que ses projets risquaient d'être contrecarrés s'il ne faisait pas preuve d'une certaine prudence, daignait expliquer qu'il s'était endormi dans son coin, qu'il venait à peine de se réveiller et qu'il se dirigeait vers sa couchette. Mais en descendant la passerelle, il jeta derrière lui un regard mauvais sur le jeune matelot à son poste, et jura qu'à son rythme et à sa manière il se vengerait de lui.

CHAPITRE VII

Une autre semaine s'écoula, et avec le changement de lune, comme l'avaient prédit les vieux marins du bord, vint également un changement de temps. Le vent se leva régulièrement, et peu de temps après, la solide embarcation craqua et gémit alors qu'elle escaladait les vagues de l'océan ou glissait rapidement sur leurs parois abruptes. Le 24 au soir, le vent s'était transformé en coup de vent. Toutes les voiles supérieures avaient été affaissées, et les inférieures avaient doublement ris ; mais de temps en temps, une vague tombait avec un grand fracas sur le pont, tourbillonnait le long des côtés et gargouillait à travers les dalots sous le vent.

A minuit, Claude, fidèle à sa promesse, monta sur le pont. Il ne s'attendait bien sûr pas à voir Marguerite, mais il n'avait pas manqué de tenir parole et d'être chaque soir à l'endroit fixé.

La tempête faisait rage lorsqu'il atteignit le pont. Il ne pleuvait pas, mais le ciel était couvert de nuages volants, à travers lesquels la lune décroissante éclatait par intermittence, pour être immédiatement engloutie à nouveau. Les vagues affamées roulaient au-dessus du petit navire et semblaient vouloir l'écraser ; mais elle avançait vaillamment, tâtonnant comme une chose de la vie à travers le désert des eaux sans trace.

Un marin croisa Claude en lui lançant un joyeux « Bonne nuit, Monsieur. Une nuit d'orage ! »

En lui rendant son salut, Claude reconnut le jeune Picard, Blaise Perron, qu'il connaissait bien et qui lui avait souvent rendu de légers services lors de son séjour au château de Roberval. La solitude dans laquelle sa vie était plongée tout à l'heure était si grande qu'il fut reconnaissant pour le son d'une voix amicale et lui rendit son salut avec beaucoup de cordialité, ajoutant un ou deux mots aimables en passant.

Il traversa avec difficulté le pont glissant. Les cordages chantaient autour de lui une chanson sauvage, les embruns lui sautaient au visage et le navire gémissait dans chaque planche et dans chaque espar.

À l'abri du gaillard d'avant régnaient un calme et une sécurité relatifs. Une silhouette enveloppée dans un manteau se tenait dans l'ombre la plus profonde et se dirigea vers lui alors qu'il s'approchait. Il pouvait à peine en croire ses sens. C'était Marguerite !

"Mon amour!" s'écria-t-il en la prenant tendrement dans ses bras et en l'entraînant plus loin dans l'abri. « Que tu devrais être ici, et dans une telle tempête !

Pendant qu'il parlait, une vague frappa le navire au milieu du navire, envoya les embruns en pluie sur eux et tomba avec un grand bruit sourd à leurs pieds.

"C'était une échappée belle", a poursuivi Claude. "Si nous avions été un pied plus près de l'arrière, nous aurions été projetés contre les pavois, et tout le navire aurait été au courant de notre rencontre ici. Mais qu'est-ce qui vous a fait sortir, ma chérie ? Quelque chose ne va pas ? Je frémis quand je pense à les risques que vous avez dû courir en arrivant ici avec ce vent.

" L'orage est magnifique, Claude, et un peu d'eau salée ne me fera pas de mal. Je ne pourrais pas rester en bas. Vous me croirez bête, mais j'ai fait un rêve sur vous, un rêve si affreux que j'ai eu l'impression qu'il fallait que je vienne. " pour voir que tu étais en sécurité. Je croyais te voir dans les filets d'un serpent monstrueux. Il s'était enroulé autour de toi et semblait t'écraser dans ses plis. J'ai essayé de l'arracher, mais il te saisit de plus près. et tandis que je me reculais et le regardais avec horreur, il semblait prendre la forme et les traits de cette misérable créature en vert qui suit mon oncle toute la journée comme un chien fouetté.

"Chérie," dit son amant, "c'était un rêve béni, puisqu'il t'a amené à moi. Cela me donne une nouvelle vie de te voir. Mais je ne m'étonne pas que la vue de cet homme te donne un cauchemar. La première fois Je l'ai vu, je n'ai pas pu m'empêcher de le baptiser le serpent de mer. Son œil funeste semble être toujours sur moi. Si je le rencontrais ce soir, je serais tenté de le renvoyer dans les profondeurs de l'océan d'où il semble il n'était venu que récemment.

"Chéri, ne plaisante pas sur lui. Je ne suis pas superstitieux, mais je crains cet homme et je voudrais que tu te méfies de lui. C'est pour te prévenir de lui que j'ai risqué de venir chez toi ce soir."

Elle était très agitée, et Claude l'apaisait et la consolait, l'enveloppant de son manteau pour la protéger de la tempête, et la rassurant par des promesses et des paroles tendres.

Pendant que cette scène se passait sur le pont, une bien différente se passait en bas, dans la cabine du Roberval. Gaillon , qui devait être de telle constitution qu'il pouvait se passer de sommeil, avait vu Marguerite sortir de sa cabine et gravir la coursive. Il savait que Claude était monté sur le pont, et il ne faisait aucun doute que les amants étaient ensemble. C'était maintenant sa chance. Il se glissa jusqu'à la cabane de Roberval, ouvrit la porte par un moyen qu'il connaissait mieux et, entrant, toucha l'épaule du noble endormi.

Roberval fut debout en un instant, et un poignard passa à la gorge de Gaillon . L'homme était cependant préparé et recula rapidement vers la porte, où la lumière du couloir éclairait pleinement son visage. Roberval poussa un juron en voyant de qui il s'agissait.

"Chien d'assassin !" s'écria-t-il, qu'est-ce qui vous amène ici ?

" Si Votre Très Noble Altesse me laisse parler, " dit Gaillon en grimaçant obséquieusement, " j'ai une nouvelle importante qui ne tiendra que le matin. Votre nièce n'est pas dans sa chambre. "

"Méchant!" rugit de Roberval, faites attention à ce que vous dites, ou, par le ciel, je vous écrase !

"Votre nièce, très noble sieur, a quitté sa cabine et est maintenant sur le pont avec son amant. Ils ont l'habitude de se rencontrer ainsi la nuit. Je vous aurais prévenu auparavant, mais je redoutais d'appeler votre colère de moi-même. tête. Même maintenant, j'aurais gardé le silence, mais l' honneur de votre maison est en jeu. "

Roberval parut à peine entendre la dernière partie de ce discours. Il avait tourné le dos à Gaillon et enfilait rapidement quelques vêtements. Au bout de deux minutes, il fut tout habillé et, se retournant précipitamment, s'écria : « Qui veille ce soir ?

"Blaise Perron, le Picard, Sieur. Il les a vus ensemble sans aucun doute et les surveille maintenant contre les intrus."

C'était un mensonge, mais Gaillon ne s'en tenait pas aux bagatelles.

— Débarrassez-vous de lui pour moi, dit brièvement Roberval. "Je ne me soucie pas de savoir comment."

Gaillon rit intérieurement en suivant son maître sur la passerelle. Ses projets s'avéraient couronnés de succès au-delà de ses espérances les plus folles.

« Allons au vent, sieur », murmura-t-il. "Ils sont du côté sous le vent du gaillard d'avant, et sans doute nous les rencontrerons dans les bras l'un de l'autre."

Le bruit du vent et des vagues noyait leurs pas, et ils purent s'approcher inaperçus jusqu'à ce qu'ils soient à quelques pieds des amants. Claude venait de réussir à persuader Marguerite de descendre et d'essayer de dormir. Il l'avait prise dans ses bras au moment de se séparer, et elle s'accrochait à lui avec une ardeur née de ses pressentiments. C'est ainsi que Roberval les surprit.

La première indication qu'ils eurent de sa présence fut un serment qui retentit soudain dans l'obscurité. Claude recula d'un bond et dégaina sa rapière. De Roberval se tenait devant lui, l'épée nue. Incapable d'assister à un combat entre son oncle et son amant, Marguerite se jette entre eux.

« Réfléchissez, je vous en supplie, monsieur, dit précipitamment Claude ; " L'honneur de votre nièce est en jeu. Si nous attirons l'attention de la montre, le beau nom d'un De Roberval sera à jamais souillé."

Roberval baissa son arme.

"Vous dites vrai", remarqua-t-il sombrement, "même si la suggestion arrive un peu tard, il me semble. Je déshonorerais mon épée pour la tirer sur un menteur et un lâche. Les menottes et la prise seront un sort plus approprié pour des gens comme vous. ".

A ces mots, l'endurance même de Claude céda, et, ignorant les supplications de Marguerite, il se jeta sur de Roberval. La bagarre attira le quart et plusieurs matelots accoururent. Dans l'obscurité et la confusion , il était impossible de distinguer quoi que ce soit clairement, mais Claude fut bientôt maîtrisé, et la voix de De Roberval se fit entendre au-dessus du rugissement des éléments, réclamant des menottes. Gaillon apparut avec eux comme par enchantement ; et avant que l'équipage n'ait eu le temps de réaliser autre chose que le fait que leur commandant avait été agressé, les poignets de Claude furent enchaînés et il se retrouva impuissant. Alors que Gaillon achevait d'ajuster les menottes, le jeune Picard mentionné plus haut, qui était le seul à comprendre la situation, se jeta sur l'espion et lui serra la gorge. Presque au moment où ses doigts se fermaient , ils relâchèrent à nouveau leur emprise et il tomba tête baissée sur le pont. Pendant quelques instants, il se tordit d'agonie, et lorsqu'il fut relevé, on découvrit qu'il était tout à fait mort, bien qu'aucune marque de violence n'ait pu être trouvée sur lui.

"C'est un jugement du Ciel", dit Gaillon en se signant dévotement.

— Un jugement de l'enfer plutôt, d'où vous venez, murmura de Roberval. "Mais vous avez bien fait votre travail. Jetez la charogne par-dessus bord", ajouta-t-il en donnant un coup de pied méprisant au corps du jeune marin. "Et maintenant, à la cale avec ce scélérat. Et toi," se tournant vers sa nièce, "à ta cabine avec toi. J'aurai plus à te dire demain."

Toute la scène s'était passée si vite qu'avant que la jeune fille abasourdie n'ait eu le temps de se rendre compte de ce qui s'était passé, elle a vu son amant marcher enchaîné en bas. Elle se serait précipitée après lui, mais la main forte de son oncle la retint, et elle fut obligée de le voir disparaître sans même pouvoir lui dire adieu.

Ensuite les jours et les semaines passèrent, et Claude resta dans sa prison, sans autre compagnon que les rats qui pullulaient autour de lui. Ses pieds étaient heureusement libres, sinon il aurait pu être dévoré. Son corps portait déjà les marques de leurs dents acérées et affamées, là où ils l'avaient attaqué pendant son sommeil. Il maigrit et pâlit à cause de l'isolement et de la nourriture misérable qui lui était apportée trois fois par jour par les mains du méchant Gaillon . Son cœur était amer et il avait presque abandonné tout espoir. S'il n'avait pas su que le voyage devait prendre fin et qu'un changement devait alors se produire dans sa situation, il aurait cédé au désespoir.

Il manquait du pont à ceux des colons brutaux qui le connaissaient de vue ; mais le bruit courait parmi l'équipage qu'il avait insulté la nièce de Roberval, et personne n'osait s'apitoyer sur son sort. Les quelques hommes de sang doux à bord connaissaient ou soupçonnaient la véritable version de l'histoire, mais le respect de la réputation de Marguerite les obligeait à garder le silence.

Pendant que Claude se languissait dans sa prison, le cœur de Marguerite se durcissait en elle. Elle ne pouvait plus se résoudre à respecter son oncle. Elle ne versait pas de larmes et n'écoutait pas les paroles de sympathie de son amie Marie, ni de la vieille *bonne* ; mais son visage pâlit et se figea, et une expression résolue se forma autour de sa bouche.

Les marins la vénéraient comme une sainte ; et lorsqu'elle apparut sur le pont, l'homme le plus rude ôta sa casquette au passage et fit taire les grossièretés sur ses lèvres. Les soupçons sur l'état réel de l'affaire circulaient, mais personne n'osait montrer de sympathie pour le prisonnier. Les hommes étaient très impressionnés par de Roberval, et plus encore par le terrible Gaillon , qui progressait chaque jour en faveur de son maître, dont il était désormais devenu le dévoué serviteur.

Les choses en étaient encore à cet état, et de Roberval ne montra aucun signe de relâchement lorsque, au début du mois de juin, les côtes accidentées de Terre-Neuve se présentèrent devant les yeux reconnaissants de l'équipage. Ce n'était pas leur destination, mais au moins c'était la terre ; et bien qu'il y ait encore des dangers à surmonter, à cette époque, c'était la vaste étendue de l'océan qui mettait les nerfs des marins à rude épreuve. Ils saluèrent avec joie le premier aperçu du Nouveau Monde après le terrible ennui du voyage.

Les trois navires franchirent bientôt l'étroite entrée, et les marins furent ravis de voir devant eux dix-sept bateaux de pêche naviguant en toute sécurité dans le port . De Roberval jeta l'ancre, avec l'intention d'approvisionner ses navires en poisson et de se procurer de l'eau douce. Mais il avait à peine terminé ses préparatifs qu'un bruit courut parmi les navires que trois autres navires entraient dans le port . Il savait que les Espagnols avaient regardé avec jalousie l'expédition lors de son armement, et croyait que l'attaque de Pamphilo de Narvaez contre lui et son groupe avait eu pour but de mettre un terme à l'entreprise. Pensant donc que ce pouvait être un ennemi qui approchait, il allait faire mettre ses hommes au canon, lorsque le vaisseau de tête déploya le large drapeau blanc semé de la *fleur de lys* de France. Ses hommes, à cette vue bienvenue, poussèrent un cri de joie sauvage qui résonna dans le port et fut repris par la flotte de pêcheurs. À qui pourraient appartenir les navires ? Le roi François s'était-il repenti de sa générosité et avait-il envoyé une flotte pour le rappeler ? Cela pourrait difficilement être le cas. Un seul navire aurait suffi à cet effet. Pendant qu'il débattait dans son esprit de la destination probable de la flotte, le navire de tête fit volte-face, ses voiles tombèrent et tandis que l'ancre s'enfonçait dans les eaux sombres, de Roberval reconnut *La Grande Hermine* . Cartier désertant son poste ? Quelle pourrait être la signification de cela ?

Tandis que l'attention de tous à bord du navire était ainsi détournée, et qu'il ne restait plus personne en bas pour observer ses actions, Marguerite résolut de mettre à exécution un plan qu'elle avait formé depuis longtemps. Elle avait découvert une planche détachée dans le plancher de sa cabine et, avec l'aide de Bastienne et de Marie, elle parvint à l'enlever. Leurs efforts conjugués ont révélé un trou suffisamment grand pour qu'elle puisse y passer. Un énorme rat s'est précipité dehors lorsque la planche a été retirée, provoquant des cris hurlants des deux autres femmes. Marguerite frissonnait en regardant les profondeurs noires en pensant aux horreurs que Claude avait dû endurer pendant toutes ces semaines. Sans hésitation, elle s'abaissa sur les barils, les caisses et les sacs bruts et commença à tâtonner dans l'obscurité, appelant doucement le nom de son amant. Pendant un certain temps , il n'y eut aucune réponse, mais alors qu'elle atteignait un espace dégagé, la lumière d'une ouverture dans le pont au-dessus révéla Claude faisant les cent pas dans son étroite prison, ses oreilles tendues pour saisir la signification des sons venant d'en haut. Elle fut à ses côtés en un instant.

"Marguerite!"

Il ne prononça qu'un seul mot et la regarda, mais sans la toucher. Surgissant soudain de l'obscurité, il la prit pour une vision. Mais ses bras étaient autour de son cou, et la pression chaude de sa joue contre la sienne le convainquit de la réalité de sa présence. Il ne pouvait pas la prendre dans ses bras menottés ; mais elle embrassa les poignets enchaînés et pleura en voyant la terrible différence que les six semaines avaient apportée à sa forme autrefois solide. Le jeune et robuste soldat lui-même, à qui le soudain choc de joie était venu de manière si inattendue après sa longue et morne solitude, ne put retenir ses larmes. Leurs paroles étaient rares et brisées. Marguerite lui raconta comment elle avait trouvé un moyen de l'atteindre, et comment les deux autres femmes montaient la garde là-haut jusqu'à son retour ; et il lui montra l'espace étroit où il s'était promené de long en large au crépuscule pendant tous ces jours fatigants, et la dure couchette où il avait dormi. Ses larmes coulèrent à nouveau à cette vue. Mais le bruit croissant sur le pont supérieur, les bruits de pieds lourds et de cris d'hommes, les rappelaient au présent.

"Où sommes-nous, ma chérie ?" dit Claude. "Nous ne pouvons pas avoir atteint Charlesbourg Royal ?"

"Non, Dieu merci, nous l'aurions ! C'est Terre-Neuve, et mon oncle a jeté l'ancre pour se procurer de l'eau douce. Ô Claude, je frémis en pensant à ce qui va nous arriver. Mon oncle est sûrement fou. Son caractère est devenu si ingérable que à peine un homme à bord ose-t-il s'adresser à lui. J'ai pensé parfois que ce misérable Gaillon , qui le surveille constamment , devait le maintenir sous l'influence de quelque drogue ou d'un charme qui sapait sûrement son intelligence. Je tremble quand il approche, car je ne sais quelle nouvelle insulte il pourra me faire.

Claude grinça des dents.

"Si j'étais libre et si j'avais l'usage de mes mains pendant cinq minutes !" il murmura. "Pourquoi lui ai-je soumis si longtemps ? Mais écoutez ! Il se passe sûrement quelque chose d'une importance inhabituelle au-dessus de vos têtes."

A ce moment-là, un bateau s'était éloigné de *la Grande Hermine* , et on vit Cartier y entrer. Roberval, debout sur la dunette, le regardait approcher en silence. Juste à ce moment, quelqu'un lui toucha le bras. C'était Gaillon .

"Pardon, Sieur," murmura-t-il à l'oreille du noble, "mais quelqu'un a réussi à accéder au prisonnier dans la cale. Je crains qu'il ne projette une évasion."

Roberval jura un terrible serment.

"Tiens, Bruneau, Gachet !" s'écria-t-il à deux des membres d'équipage les plus rudes et les plus méchants, "descendez dans la cale avec vous, et amenez-moi ici le prisonnier et celui qui est avec lui. Ils auront fière allure depuis cette vergue."

Il suivit les hommes le long de la passerelle et attendit entre les ponts pendant qu'ils descendaient dans la prison de Claude. Avant que les amants eussent pu se séparer, un des bandits avait brutalement saisi Marguerite par l'épaule. Claude leva ses bras menottés et lui porta un coup qui le fit chanceler, mais fut lui-même immédiatement maîtrisé et coincé par l'autre homme, Gachet . Bruneau, se remettant et piquant du coup qu'il avait reçu, se tourna vers Marguerite, et lui saisissant rudement le bras, cria : « Montez sur le pont, coquine !

Roberval entendit ces paroles, et il comprit pour la première fois que c'était sa nièce qui était en bas. Il s'avança à temps pour la voir, blanche comme la mort, secouer l'homme et gravir seul l'échelle. Hors de colère, il ne pouvait oublier qu'elle était une femme et une De Roberval. Donnant l'ordre de garder Claude dans sa prison, avec une politesse glaciale, il lui prit la main et la conduisit dans sa cabine, où Marie et la vieille nourrice, à moitié effrayées par les bruits qui leur parvenaient, veillaient toujours à côté de l'espace ouvert. dans le sol.

" Ainsi, Madame, " dit Roberval entre ses dents serrées et avec un éclat d'acier dans les yeux, " voilà donc le moyen ingénieux par lequel vous avez réussi à rendre visite à votre amant. Nous trouverons un moyen de vous faire tous deux profondément repentir. vos interviews volées.

Il disparut avant qu'aucune des femmes n'ait pu prononcer un mot, et elles entendirent sa voix sévère et impérieuse s'adressant à l'homme qui avait si brutalement agressé sa nièce.

"Toi, Pierre Bruneau, scélérat et chien coupe-gorge, vas apprendre ce que c'est que d'insulter un De Roberval. A la vergue avec lui !" s'écria-t-il aux hommes rassemblés autour de la passerelle. "Cartier verra quelle sorte de discipline nous gardons."

Personne n'a osé désobéir. Bruneau fut précipité sur le pont, le nœud coulant fut passé autour de son cou, et tandis que Cartier s'approchait du navire, ses yeux étonnés furent accueillis par la vue de la forme luttant du méchant costaud alors qu'il se balançait dans les airs.

Lorsque Cartier monta à bord, ses premiers mots furent :

"Le sieur De Roberval me fait un accueil épouvantable."

« Quel accueil, répondit de Roberval, comme celui qui attend tous ceux qui désobéiront à mes ordres ou insulteront mon nom. Pourquoi avez-vous quitté Charlesbourg Royal ?

"Avant de répondre à cette question, Monsieur, il faut que je sache si votre dernière remarque se rapporte au fait que j'ai quitté mon poste sans vos ordres ?"

— Ce que vous voudrez, dit de Roberval avec hauteur.

— Alors, sieur, je me réserve le droit de refuser une réponse. Je suis mon propre maître en haute mer, et Jacques Cartier ne supportera l'insulte de personne.

Sa main cherchait son épée tout en parlant, et l'arme de de Roberval jaillit de son fourreau.

Une querelle était imminente ; mais la colère de Roberval parut s'apaiser aussi subitement qu'elle était apparue.

"Lève ton épée," dit-il sévèrement. "Nous sommes les dirigeants, et la mort de l'un de nous ou des deux signifierait la ruine de l'entreprise."

" En ce qui me concerne, sieur, c'est déjà fini. Je ne sers sous aucun homme, encore moins sous celui qui emploie les termes que vous venez de m'appliquer. Je ne suis pas pressé de me quereller, mais, étant dedans, J'en sortirai honorablement , ou je mourrai."

"Admirablement dit", répondit de Roberval, "et le Canada a besoin d'un homme tel que vous. J'ai été précipité dans mon discours; mais je ne pensais pas que vous aviez désobéi aux ordres. J'ai simplement supposé que vous aviez quitté le Canada à cause de mon long retard. vous avait fait conclure que j'avais renoncé à l'entreprise. Vous avez trop vite mal interprété mon interprétation. Mais pourquoi avez-vous quitté Charlesbourg ? » s'enquit-il, tandis que Cartier rengainait son épée à contrecœur.

" Parce que, Sieur, nous ne pouvions rien faire de plus là-bas. Les indigènes étaient hostiles et nos munitions étaient presque épuisées. Nos hommes étaient ouvertement mutinés ; et je ne pouvais rien faire avec les égorgeurs des prisons, dont la moitié ont déserté. , et ont été adoptés par des bandes errantes d'Indiens.

Quoi qu'ait pu ressentir de Roberval en apprenant cette nouvelle, il ne donna aucun signe.

"Ne vous découragez pas", a-t-il déclaré. "J'ai des armes en abondance et suffisamment de munitions pour vaincre tous les sauvages du continent. Retournez à vos navires et préparez-vous à repartir avec nous le lendemain. Tout ira bien pour le moment."

Mais Cartier avait rapidement pris une résolution. Il ne reviendrait pas. Il voyait la misérable bande de criminels qui s'alignaient sur le pont autour de lui, et il savait que l'entreprise de Roberval devait se terminer par un échec. Il était déterminé à gagner du temps.

"Qu'il en soit ainsi, Sieur", répondit-il. "Demain, nous serons prêts pour le voyage de retour. Mais où est notre vieil ami de Pontbriand ? Ne l'avez-vous pas amené avec vous ?"

" Il est à bord, " répondit de Roberval d'une voix impassible, " mais il a été malade et avec une forte fièvre. Un calme parfait est ordonné pour lui. Je désobéirais aux ordres du médecin si je vous permettais de le voir. ".

Quelque chose dans le timbre métallique de sa voix donna à Cartier un frisson glacial d'effroi, une menace d'un mal imminent. Il eût été inutile de s'enquérir davantage, cependant, et il retourna à son navire pour consulter La Pommeraye , son commandant en second, et ses autres officiers.

CHAPITRE VIII

La Pommeraye avait été laissée à la tête de *La Grande Hermine* tandis que Cartier rendait visite au navire de Roberval. Il attendait avec impatience les nouvelles que Cartier lui apportait, et ses premières demandes furent naturellement destinées à son ami De Pontbriand .

« Malade et en danger ? s'écria-t-il lorsque Cartier lui eut répété les paroles de de Roberval. "Je dois aller le voir immédiatement."

" Ne viens-je pas de vous dire, dit Cartier, que personne ne peut le voir ? De Roberval m'a refusé ce privilège, et pensez-vous qu'il vous en accordera la permission ? C'est au commandement de la sangsue, et sans doute il y a besoin de soins. Mais on nous ordonne de rentrer au Canada", ajouta-t-il sèchement.

"Jamais!" s'exclama Charles avec énergie. "La dernière année nous a appris une leçon. Aucun succès ne peut accompagner les efforts de la France pour implanter une colonie sur les rives accidentées de l'Hochelaga."

" Je crains, " dit Cartier, " qu'il y ait des ennuis si nous refusons de rentrer. De Roberval n'hésiterait pas à tenter la force ; et nos hommes sont si découragés et las après les épreuves qu'ils ont endurées, qu'ils résisteront. jusqu'à la mort tout effort pour les contraindre à revenir.

" Ne serait-il pas possible de revenir pour peu de temps et de quitter Charlesbourg avant que l'hiver ne s'installe ? Je ne passerai pas un autre hiver au Canada, surtout pas avec les canailles que nous avons amenées avec nous. Et, si je ne me trompe pas, nous le ferons. Nous aurons désormais affaire aux Indiens, qui seront désormais aidés par nos misérables déserteurs.

« Si nous étions de nouveau à terre, » répondit Cartier, « il serait très difficile de s'enfuir de nouveau. Roberval est un homme déterminé, et il a deux cents hommes armés sur ses navires. Nous serions en infériorité numérique et facilement maîtrisés. Si les colons qu'il a amenés étaient d'une meilleure classe que la nôtre, il pourrait y avoir un espoir de succès final ; mais le misérable équipage qui borde ses ponts est du type le plus bas. Voyez, l'un d'eux se balance de là-bas, même maintenant ! Je crains que la potence que nous avons érigée pour avertir nos semblables ne porte de bons et abondants fruits dès qu'il sera établi au Canada. Non, Charles, nous devons lui donner la fuite à la faveur de l'obscurité et partir pour la France. Je ne l'abandonnerai pas s'il y avait une chance de succès ; mais avec sa suite de parias sans foi ni loi, même s'il parvenait à former une colonie, ce ne serait qu'un foyer de peste sur la terre. »

" Mais, interrompit La Pommeraye , avez-vous oublié que de Pontbriand est malade à bord de ce navire ? Je ne puis avoir la lâcheté d'abandonner mon ami. "

" J'y ai pensé aussi. Mais à quoi bon rester ? Il y a un médecin à bord, et des prêtres, je crois. S'il mourait, vous ne pourriez rien faire par votre présence ; mais il est jeune et fort, et je guérirai sans aucun doute. J'ai d'ailleurs un plan en tête pour sauver nos amis et l' honneur de la France. Le roi François a confiance en moi. Il s'est aventuré dans cette entreprise pour remplir le trésor épuisé de la France et étendre le bienheureux royaume de France. Mon Dieu, je vais le convaincre que les efforts pour établir une colonie sur l'Hochelaga ne seront qu'une ponction sur ses ressources, et qu'il pourrait aussi bien tenter d'empêcher un Malouin de prendre la mer que tenter d'amener l'homme rouge au royaume. du Ciel. Le Père Grand et le Père Boisseau me confirmeront ce que je dis, et je demanderai alors un navire pour aller au Nouveau Monde et contraindre Roberval et ses colons à revenir, s'ils n'ont pas entre-temps mis fin à l'existence. de la colonie en s'égorgeant mutuellement . Il n'y aura pas d'autre moyen de récupérer Claude ; et, une fois en France, nous pourrons mettre toutes nos énergies dans des voyages plus profitables vers les Indes ; ou vous pouvez trouver un exutoire à votre ardeur en utilisant votre épée contre l'Angleterre et l'Espagne. François ne pourra plus longtemps rester à l'écart de la guerre. »

"Mais abandonner son ami, et cet ami malade et impuissant ! Je n'y parviens pas", dit La Pommeraye .

"Ce n'est pas une désertion. Vous ne pouvez rien faire de bien en montant à bord de *L'Heureux* , et vous risquez de faire beaucoup de mal. Dans l'état actuel de De Roberval , je crains que le seul moyen d'éviter une effusion de sang inutile soit de partir avant qu'il ait connaissance de notre intention. Une fois en sécurité en France, il ne faudra pas longtemps avant que nous soyons de retour au Canada pour mettre fin à ce projet insensé de colonisation . Pour obtenir la permission de revenir et un navire pour rentrer, j'aurai besoin de votre aide.

" Vous avez raison, je suppose ; mais j'ai du mal à tourner le dos à Claude. Et comment annoncer sa maladie à Mademoiselle de Vignan ? "

" Mademoiselle de Vignan ? Je croyais que c'était la nièce aux yeux noirs de ce tyran fou là-bas. "

"Moi aussi, au début, mais si vous en aviez vu autant que moi, vous penseriez autrement. Mais cela me rappelle que je pensais avoir vu des femmes à bord du navire de Roberval lorsque nous y étions . "

" Vos yeux ne vous ont pas trompé. Il y en avait quelques-unes sur le pont, de misérables créatures, des compagnes idéales pour les chiens battus qui doivent être l'épine dorsale de la Nouvelle-France. Il y en a sur tous les navires ; eux aussi. " "

"N'oubliez donc pas que je pars, étant entendu que nous reviendrons dès que nous pourrons convaincre le roi de rappeler l'expédition. Je ne connaîtrai pas de moment heureux avant de saisir à nouveau la main de Claude."

A vrai dire, la perspective de revoir Marguerite si tôt et sans la surveillance vigilante de son oncle influença considérablement La Pommeraye dans son consentement au départ. Il n'en était pas moins fidèle à son ami ; et si l'on eût pu imaginer un moyen pour arracher Claude au sort qui l'attendait dans la nouvelle colonie, il n'y serait pas allé sans l'avoir tenté. Mais pour que leur plan réussisse, il faut qu'il soit mis à exécution immédiatement. Un retard d'une journée pourrait être fatal.

Cartier fait venir les capitaines des autres navires à bord *de La Grande Hermine*. A leur arrivée, il montra le corps qui pendait encore aux vergues du navire de Roberval et leur dit à quoi ils pourraient s'attendre s'ils revenaient.

Ils en avaient assez du Canada et appuyèrent avec enthousiasme le plan de fuite de Cartier. Ils retournèrent à leurs navires pour se préparer à partir immédiatement au signal de leur chef.

La nuit tomba sur le port ; et dans la calme soirée de juin, les marins, jubilant d'avoir atteint un refuge après les dangers du vaste Atlantique, se mirent à chanter quelques-unes des chansons de leur patrie du Vieux Monde . Les pêcheurs dans les bateaux reprenaient le chant, et un chœur joyeux s'enflait sur les eaux calmes ; mais sur les vaisseaux de Cartier c'était le silence. Les équipages savaient que Roberval avait ordonné leur retour et ils savaient aussi que Cartier n'avait pas l'intention d'obéir. En fait, s'il avait tenté de le faire, ils étaient devenus tellement dégoûtés par la vie morne et pénible à Charlesbourg Royal qu'ils se seraient sans aucun doute mutinés. Leurs visages déterminés regardaient à travers l'obscurité grandissante. Personne ne s'est reposé cette nuit-là. Ils savaient que si une brise se levait, Cartier comptait en profiter et s'enfuir du port .

Les chanteurs les uns après les autres se lassèrent et, vers minuit, seules quelques notes intermittentes rompirent le silence. Bientôt, tout fut silencieux comme une tombe, à l'exception du cri occasionnel d'un animal rôdant sur le rivage à la recherche de nourriture.

Vers une heure du matin, une légère brise soufflait sur l'eau depuis la terre. Un signal silencieux passa entre les navires de Cartier, et instantanément des formes sombres se déplaçaient ici et là sur leurs ponts. Aucun bruit n'a été entendu, mais des préparatifs étaient en cours pour appareiller immédiatement. Il était impossible de lever les ancres sans alarmer de Roberval ; ainsi les câbles furent glissés tranquillement, les voiles furent hissées aussi doucement, et les trois navires virèrent simultanément, balayèrent à moins de cent mètres du navire de Roberval et se dirigèrent vers l'embouchure du port . Le guetteur les aperçut, mais, à moitié endormi et les considérant comme faisant partie de la flotte de pêche, ne dit pas un mot.

Cependant Marguerite, épuisée par tout ce qu'elle avait enduré pendant la journée, était tombée dans un sommeil inquiet, interrompu par des rêves troubles . Après la scène avec son oncle, qui s'était terminée par la pendaison du malheureux Bruneau, elle avait fait venir son confesseur, le bon Père Lebeau , seul prêtre à bord *de L'Heureux* . Ce brave homme, usant de son influence auprès de Roberval, avait été admis dans la prison de Claude et lui avait rendu visite à plusieurs reprises, lui apportant réconfort et consolation, et l'encourageant à attendre avec espoir et patience la fin du voyage. Il se trouvait qu'il avait laissé le navire dans l'un des bateaux qui étaient partis chercher de l'eau douce ; il n'était donc pas présent lors de la scène orageuse dans la cale, ni lors de l'entrevue entre Cartier et Roberval qui suivit. Mais à son retour, il reçut de la bouche de Marguerite un récit complet de tout ce qui s'était passé. Il resta quelque temps avec elle, la consolant et la rassurant, et la laissa un peu réconfortée par ses promesses de voir de Roberval et de tâcher encore une fois de le convaincre de l'erreur qu'il poursuivait.

La nuit tombée, Marguerite, avec Mlle. De Vignan et le vieux Bastienne se glissèrent sur le pont pour prendre un bol d'air frais et contempler avec nostalgie les navires de Cartier. Le corps de Bruneau se balançait toujours depuis les vergues, vision épouvantable dans la pénombre du crépuscule. Ils frémirent en le voyant.

"Mais courage, Marguerite", murmura Marie. " Cartier est tout près, et lui et La Pommeraye pourront sûrement influencer votre oncle. Je suis sûr que demain nous apportera de meilleures choses. "

— Je l'espère, dit tristement Marguerite. " Il est bien temps. Si Charles de la Pommeraye apprend le sort de son ami, il n'aura de repos que lorsqu'il aura libéré Claude, j'en suis sûr. Mais mon oncle ne tolérera aucune opposition ; et je crains qu'il n'y ait encore du sang versé avant. tout peut être accompli. »

Elle soupira en parlant ; et peu après, les trois femmes retournèrent dans leurs quartiers étroits et exigus, où Marie, serrant son amie dans ses bras, essayait de la réconforter avec l'espoir de ce que le lendemain lui réservait. Au moment où ils s'endormaient, réconfortée un peu dans leur solitude par cette lueur d'espoir, *la Grande Hermine* passa silencieusement dans l'obscurité du dehors et s'éloigna pour la France.

Lorsque de Roberval arriva sur le pont le lendemain matin, il balaya du regard le port , mais chercha en vain les navires de Cartier.

"Envoyez-moi tout de suite les vigies d'hier soir", cria-t-il à son maître voilier, Jehan Alfonse. "Quelle montre as-tu prise ?" » demanda-t-il sévèrement à un jeune Malouin qui se tenait tremblant devant lui.

"De huit heures à midi, Sieur."

"Et avez-vous vu les navires quitter le port ?"

— Non, sieur ; aucun navire ne nous a dépassé pendant que j'étais à mon poste.

" Et moi, Sieur, " dit un vieux marin bronzé qui avait exploré toutes les parties du monde alors connu, " j'ai continué à quatre heures du matin, mais pas une souris n'a bougé depuis ce temps ; et en effet , elles n'auraient pas pu s'échapper à mon insu. , car c'est un grand jour depuis cette heure-là.

« Je crains, sieur, » dit timidement un jeune Picard du domaine de Roberval, qui s'était tenu silencieux dans le fond, « d'être coupable de ne pas avoir alarmé le navire, si la faute en revient à quelqu'un. J'étais à peine monté sur mon bateau. regardez quand les trois navires nous ont balayés. Ils sont allés si silencieusement que je les ai considérés comme des pêcheurs endormis se dirigeant vers les rives.

« *Sacré Dieu !* » cria Roberval ; " vous nous avez tous perdus ! Si je vous donnais le sort que vous méritez, je vous pendrais aussi haut que Bruneau hier ! Emmenez-le en bas, s'écria-t-il aux hommes qui se tenaient là, et gardez-le aux fers pour le reste du voyage."
— Ne soyez pas trop dur avec ce jeune homme, sieur, interrompit Jehan Alphonse en s'avançant ; "C'est un marin fidèle et vrai ; et nous avons trop peu d'hommes fiables à bord pour retourner contre nous ceux sur qui nous pouvons compter."
"Silence!" rugit De Roberval, maintenant dans une colère immense. « Ai-je demandé votre avis ? Je sais sur quoi je peux compter : ma propre volonté et cette corde là-bas. Prenez garde de ne pas vous y retrouver la tête.
« Sieur, » répondit le voilier avec fermeté, « vous pouvez m'insulter, vous pouvez me pendre si vous voulez, mais je dois parler. Je vous préviens que si vous poursuivez votre route actuelle, l'expédition sera ruinée avant que nous atteignions. Charlesbourg Royal, s'il n'est pas déjà ruiné. Vos paroles hâtives à Jacques Cartier hier nous ont fait perdre le meilleur marin du monde, car il a sans doute mis le cap sur la France.
" Vous découvrirez au moins, " s'écria de Roberval, qui était alors en chaleur blanche, " que je suis le commandant de mon propre navire. Quittez immédiatement le navire. Montez à bord du *François* et emmenez avec vous ce scélérat dont " L'insouciance a ruiné notre fortune. Et restez. Je serai généreux. Vous êtes possédé par l'idée folle qu'en allant vers le nord, vous trouverez le chemin de la Chine et des Indes. Allez donc, et quand vous aurez

fini votre folle course, revenez à Charlesbourg Royal, et préparez-vous à obéir à mes ordres. »

Jehan Alfonse bondit de joie. Il ne se souciait plus des insultes à présent ; il était libre, aux commandes d'un navire, et pouvait suivre le projet qu'il chérissait de sa vie ! Il trouverait ce que Colomb n'avait pas réussi à découvrir : le passage du nord-ouest tant recherché. Ce grand courant polaire qui descend du nord doit venir de quelque part. Il suivrait la côte du Labrador. Ce puissant continent ne pourrait pas durer éternellement ; il devait y avoir un moyen de le contourner, et son nom serait transmis comme celui de son découvreur. Il ne tarda pas à quitter *L'Heureux* et, avant la fin du jour, il fut hors de vue dans son voyage vers le nord.

De Roberval avait un sinistre motif en le renvoyant. Il avait passé une nuit blanche. La veille au soir, le père Lebeau avait eu un long entretien avec lui et avait plaidé la cause de Marguerite et de son amant, assurant de Roberval de leur innocence et le priant de ne pas persister dans son cruel emprisonnement de Claude. Mais la colère insensée de de Roberval ne fit qu'augmenter. Il refusa d'écouter les arguments et ordonna au prêtre de quitter sa présence. Le bon père, voyant que ses efforts ne faisaient qu'aggraver la situation, fut obligé de renoncer à ses instances et quitta la cabane le cœur lourd. De Roberval resta éveillé toute la nuit, méditant sur les moyens de venger son autorité insultée ; et le matin, il avait décidé que De Pontbriand serait un exemple pour l'équipage. La forme de Bruneau ne cessait de se balancer devant sa vision mentale désordonnée, et, tout en la contemplant, il résolut que celle de De Pontbriand prendrait sa place. Au début, alors que la pensée diabolique prenait forme, il recula. Pendez un gentleman de France ! Mais une folie le saisit et, brisant ses meilleures impulsions, il décida de mettre sa résolution à exécution et d'enseigner à tous à bord que le même sort attendait tout homme, qu'il soit noble ou paysan, qui désobéissait à sa volonté.

Mais il craignait Jehan Alfonse. Il savait que le fidèle et courageux voilier s'opposerait à son action ; et il décida de se débarrasser de lui. Il eut un sourire sinistre en voyant son navire s'envoler rapidement vers l'Atlantique. Il redoutait Cartier aussi ; et s'était résolu à retarder l'exécution jusqu'à ce qu'il l'ait renvoyé vers Charlesbourg Royal. Maintenant, cependant, il pouvait poursuivre son projet ; les deux obstacles avaient été levés, et rien ne devait l'empêcher d'exécuter immédiatement son plan. Mais il craignait que Paul d'Auxhillon et les un ou deux amis de Claude qui l'accompagnaient ne s'opposaient à son dessein ; et, en conséquence, il consulta Gaillon avant de le mettre à exécution.

Ce méchant était ravi de la tournure que prenaient les choses.

"Vous agissez avec sagesse, noble Sieur", dit-il. "J'ai longtemps senti que De Pontbriand , dans la cale, représentait la plus grave menace pour le succès de notre colonie. J'ai déjà découvert plusieurs complots pour sa libération, et je sais depuis longtemps que seule sa mort pourrait nous apporter la sécurité. Mais ne le faites pas. procédez à son exécution jusqu'au lendemain. Ce soir, je sonderai les fidèles et je les préparerai à abattre quiconque offrirait la moindre résistance. Ne serait-il pas bien que tous à bord soient témoins de cette réunion - par souci de justice ?

"Tous", s'écria de Roberval. "Tout le monde, y compris son amant. Laissez-moi maintenant et préparez tout d'ici demain matin."

Quand les premières lueurs de l'aube commençaient à chasser les brumes de la nuit, la cloche de *L'Heureux* commença à sonner sur l'eau. Ses notes d'avertissement provoquaient un frisson d'attente à travers le navire. La majorité des passagers connaissaient la signification de ce glas solennel ; et les autres, quand, après les huit coups accoutumés qui marquaient la fin de la montre, la cloche continuait son tintement mesuré, étaient remplis d'une vague alarme de on ne savait quoi. Les pêcheurs du port furent réveillés par le bruit, et les équipages des bateaux alignèrent leurs gréements, se préparant, après l'horrible spectacle qui les avait accueillis à l'arrivée de *L'Heureux* , à voir quelque nouvel exemple de la discipline de de Roberval.

Bientôt, tout le monde à bord du navire se trouva sur le pont, à l'exception des trois femmes, et de Roberval, constatant leur absence, descendit au-dessous de lui et leur ordonna brutalement de s'habiller et de monter immédiatement.

Quand tous furent rassemblés, de Roberval s'adressa à eux. Son visage était pâle et figé, et ses yeux brillaient d'une détermination froide et cruelle.

"Vous êtes venu", dit-il, "pour voir un crime recevoir son juste châtiment, et bien que la honte soit tombée sur mes propres parents, ma main ne se relâchera pas. Amenez le prisonnier sur le pont."

Tandis que Gaillon et deux membres de l'équipage partaient chercher Claude, le père Lebeau , qui avait été témoin avec horreur du déroulement des événements, se précipita aux côtés de Roberval et, la main sur le bras, le pria de réfléchir.

"Votre nièce est innocente, Monsieur", s'écria-t-il. "Voulez-vous déshonorer votre nom et assassiner un innocent sans procès ?"

De Roberval le secoua avec colère et lui ordonna de ne plus intervenir, sinon il partagerait le sort de Claude.

«Je ne me soucie pas de moi», dit l'intrépide prêtre. "Je ne peux pas rester les bras croisés et assister à un meurtre de sang-froid. N'y a-t-il aucun homme courageux dans toute cette foule qui m'aidera à résister à ce tyran ?"

Paul d'Auxhillon et un ou deux autres messieurs à bord, qui se rendirent compte pour la première fois de ce qui allait se passer, bondirent en avant, l'épée nue, et furent rejoints par quelques serviteurs picards de Roberval. Pendant un instant, il sembla que le sort de Claude pouvait être évité.

Mais Gaillon avait bien fait son travail. Sur un signal de de Roberval, les hommes rangés des deux côtés du pont s'élancèrent ; la demi-douzaine de volontaires furent rapidement maîtrisés et, après une courte lutte, se retrouvèrent coincés et rendus impuissants.

Juste à ce moment, Gaillon parut avec le prisonnier. La vue de son visage pâle et de ses cheveux négligés, de ses membres usés, presque émaciés, de ses poignets meurtris et enflés, éveilla un murmure de sympathie même parmi les misérables sans foi ni loi qui composaient l'équipage.

Marguerite, qui était restée comme dans un rêve pendant ces événements, comprit pour la première fois, à la vue de son amant, quelles étaient les intentions de Roberval. Son esprit fier, qui l'avait si noblement soutenue tout au long du voyage, finit par céder, et elle se jeta aux pieds de son oncle, le suppliant d'avoir pitié.

Roberval ne lui accorda aucune réponse, mais, la soulevant d'une poigne de fer, il la porta à demi évanouie là où Marie et Bastienne se recroquevillaient ensemble sur le côté du navire.

« Faites votre devoir, dit-il à Gaillon ; "et si quelqu'un élève un mot de protestation, il se balancera de l'autre bout de la cour."

Gaillon n'avait pas besoin d'une seconde offre. Le nœud coulant fut rapidement passé autour du cou de Claude ; la corde était tendue, et le prêtre, sur lequel personne n'osait poser la main, se tenait debout, tenant le crucifix devant les yeux, et murmurant les derniers offices de l'Église. Au moment où le jeune homme allait être soulevé, il se tourna avec un calme inébranlable vers de Roberval et, d'un ton ferme et inébranlable, dit :

"Le fils de Louise d'Artignan vous maudit de son dernier souffle ! Puissiez-vous périr misérablement par votre propre main meurtrière !"

L'expression entière de Roberval passa à l'instant de la froide impassibilité à la fureur sauvage. Il fit un pas en avant comme s'il eût lui-même voulu mettre fin à la vie de Claude d'un coup, puis s'arrêta et leva la main.

"Reste, Gaillon ", tonna-t-il. "Abattez le chien ! Renvoyez-le à son chenil ! Les yeux maudits de votre mère vous ont sauvé !" siffla-t-il à Claude. "Je trouverai un autre moyen de te faire souffrir."

Il tourna les talons, et ses proches l'entendirent murmurer : « Louise d'Artignan ! sous son souffle. Alors que les mots quittaient ses lèvres, il tomba tête baissée sur le pont, l'écume aux lèvres.

Gaillon envoya son prisonnier en bas, sortit une fiole de sa poche et en força quelques gouttes entre les dents serrées du noble. Puis il le porta jusqu'à sa couchette, et resta à ses côtés, le surveillant et le soignant seul ; tandis que sur le pont, chacun respirait plus librement et murmurait des paroles d'étonnement qui passaient de bouche en bouche.

CHAPITRE IX

Toute la journée et la nuit suivante, *L'Heureux* et ses épouses restèrent au mouillage. Vers l'après-midi, Roberval se rétablit suffisamment pour donner des ordres, que Gaillon transmettra à l'équipage. Les hommes étaient si subjugués par les scènes étranges dont ils avaient été témoins, et tellement impressionnés par Roberval et le terrible Gaillon , qu'il n'y eut aucun désordre auquel on aurait pu s'attendre naturellement. La place de Jehan Alfonse avait été occupée par un marin expérimenté et résolu, nommé Jacques Herbert, en qui Roberval avait une parfaite confiance. Sous sa direction, les hommes retournèrent à leurs occupations ; les prisonniers du matin furent relâchés ; et bientôt aucune trace ne fut visible des événements extraordinaires qui s'étaient produits. Claude resta en cale et Marguerite était trop malade pour quitter sa cabine.

Le lendemain matin, lorsque Roberval arriva sur le pont, un fort vent du sud soufflait sur le port . Herbert reçut immédiatement l'ordre de préparer le navire à prendre la mer. L'équipage et le capitaine étaient tous deux impatients de quitter ce lieu qui avait été le théâtre de tant d'horreurs, et des mains volontaires firent bientôt déployer les voiles, l'ancre sur la tête de chat et la barre bien abaissée, tandis que le navire tournait et s'est enfui vers le large Atlantique.

« Au nord », dit de Roberval, tandis qu'Herbert venait vers lui pour savoir quelle direction il devait prendre. "C'est le parcours le plus court, même s'il est le plus dangereux. Nous suivrons les traces de Jehan Alfonse. Et je voudrais peut-être toucher aux terres arides du Labrador. L'or se trouve toujours dans les régions arides, et l'or est nécessaire pour notre colonie."

Herbert était un marin robuste, qui pensait plus à un morceau de bœuf salé et à une bouteille de cognac qu'à des lingots d'or. Pour lui, l'or n'était bon qu'à dépenser ; et son utilité dans le Nouveau Monde, où il n'y avait rien à acheter qui ne puisse être obtenu contre quelques perles de verre et un ou deux bibelots en plomb, était au-delà de ce que son intellect pouvait concevoir. Il haussa les épaules au gré du noble, comme il le jugeait, mais répondit d'un joyeux « Oui, oui, Monsieur ». Et tandis que les navires dépassaient le cap et se dirigeaient vers l'étendue blanche des eaux ondulantes, sa voix de trompette retentit : « Tribord, votre barre ! « Occupez-vous des écoutes !

En un instant, la vaillante embarcation se dirigeait vers le nord, ses voiles gonflées sous la brise suivante, chevauchant les sommets des vagues en chasse. Elle navigua toute la nuit, et toute la journée suivante, et toujours les côtes escarpées de Terre-Neuve se dressaient à leur gauche. Le troisième jour, un petit nuage brumeux apparut à l'horizon. Au début, les marins pensèrent qu'il s'agissait d'un autre navire, mais l'un d'eux, plus perspicace que les autres, déclara que c'était une île.

"Une île?" » dit un pêcheur robuste qui avait fait de nombreux voyages dans le Nouveau Monde pour pêcher du poisson depuis que Colomb l'avait découvert, « alors ce doit être « l'Île des Démons ». Je l'ai guetté. L'air est depuis quelques heures chaud et étouffant.

"C'est absurde, Laurent ! C'est ton imagination."

"Éloignez-vous-en", insista le marin. " Longons le rivage principal. Je connais l'endroit ; aucun navire ne navigue jamais à proximité. Plusieurs l'ont fait dans les premiers temps, mais les démons se sont précipités sur eux, ont brisé leurs embarcations sur les rochers et ont emporté les équipages dans leurs repaires.
"

D'autres en avaient également entendu parler, et un frisson de crainte superstitieuse se répandit parmi l'équipage. À mesure que le pays lointain se rapprochait, les lèvres toujours polluées par les blasphèmes, les cœurs noirs de crime, appelaient les saints à les sauver et à les protéger ; et même le sceptique Herbert, alors qu'il regardait le rocher sombre couronné de brumes ondulantes, s'imaginait avec les autres qu'il pouvait voir des formes étranges et horribles planer sur le rivage. L'horreur du lieu le saisit. Il se précipita vers le gouvernail, l'appuya fortement et s'efforça de donner à l'île redoutée une place aussi large que possible.

A ce moment Roberval parut sur les lieux pour s'enquérir de la cause du désordre.

"Ce que signifie cette?" s'écria-t-il à Herbert.

"L'Île des Démons", marmonna le marin maintenant complètement alarmé. "N'entendez-vous pas leurs voix féroces qui nous réclament ? "

"L'Île des Démons ! Que m'importe tous les démons de l'enfer ? Reprenez immédiatement votre route ; nous avons déjà perdu trop de temps."

"Mais, monsieur," dit le vieux pêcheur qui avait parlé le premier, "on les a vus jusqu'à présent détruire complètement navires et hommes. Guillaume de Noué osa les défier et tenta de naviguer près de l'île, mais il Lorsque son navire put atteindre un mouillage, il coula sans avertissement, emportant avec lui tout l'équipage, à l'exception de Guillaume, qui fut porté en l'air par les démons et transporté vers leurs demeures intérieures.

"Et qui," répondit sarcastiquement de Roberval, "peut se porter garant de cette histoire, puisque tout l'équipage a péri et que le brave capitaine a été transporté dans le monde inférieur ? Il faudra inventer une meilleure histoire, bon Laurent."

" Pardon, Monsieur, mais je peux répondre de sa vérité. J'étais avec Guillaume, naviguant sur la *Belle Marie* . Nous le suivions de près lorsque son navire a coulé comme du plomb, et j'ai vu de mes propres yeux le bon Maître Guillaume porté en l'air par les diables. Il n'y avait aucun doute sur lui ; ses hauts-de-chausses rouges et son chapeau écarlate étaient les seuls à bord de son navire. J'aurais tenté de le secourir, mais mon équipage, qui fut également témoin de la scène, se jeta sur moi, saisit le gouvernail, et nous ne nous sommes reposés ni jour ni nuit jusqu'à ce que nous soyons en sécurité dans le port de Saint-Malo, et aucun d'entre eux ne pouvait plus jamais être persuadé de monter à bord d'un bateau à destination du Nouveau Monde.

"Pish!" dit Roberval avec mépris. " Portez votre casque, Herbert, et dirigez-vous vers cette île. Je suis le maître de cette expédition, et s'il y a des démons sur la terre , ils doivent me rendre hommage. Mais je pense que nous ne trouverons ni le tuyau rouge de votre ami, ni la demeure de tous les démons, à l'exception de quelques peaux-rouges qui ont été ramenées ici de Terre-Neuve et qui n'osent pas revenir.

"Mais, sieur..." commença Herbert tremblant.

"Mais pas moi", a déclaré de Roberval. "Portez votre casque, ou je vous passe à travers !" et il dégaina sa rapière d'un air menaçant. En un instant, le cap du navire fut changé et, à la consternation des marins, il se dirigea vers l'île hantée. Les eaux noires devenaient de plus en plus noires à mesure qu'ils approchaient, et à chaque instant ils s'attendaient à voir leur navire couler sous eux. Le plomb fut lancé, mais aucun ancrage ne put être trouvé ; et ce n'est que lorsqu'ils furent à quelques centaines de mètres du rivage que le bruit bienvenu de la chaîne et de l'ancre jetée se fit entendre.

Le terrain n'était en effet pas attrayant. Aride, stérile, brun comme un champ d'automne ; des falaises grises s'élevaient de tous côtés, dont on ne pouvait distinguer les sommets, car un épais brouillard les recouvrait et ne révélait que la base sombre. Des mouettes et des sternes volaient en hurlant au-dessus de leur tête et fondaient sur l'étrange vaisseau qui avait osé envahir l'enceinte sacrée de leur île. Les grandes vagues, roulant sur le rivage ferré, maintenaient une artillerie continue, tandis que les puissants rochers s'écrasaient le long de la plage pierreuse. Des gémissements sourds et creux sortaient des nombreuses grottes que le temps avait creusées dans les falaises ; et le sifflement des eaux, le grondement des rochers, le mugissement perpétuel des vagues sur le rivage et les cris sauvages des oiseaux, tout faisait croire aux marins terrifiés qu'ils avaient effectivement atteint la demeure du prince de Mal.

Mais deux hommes ne furent en rien touchés par la scène ni par le tumulte : Michel Gaillon et De Roberval. Ce dernier avait pris une soudaine détermination. Sa nièce et ses compagnons doivent être punis. Il ne pouvait pas les tuer de sa propre main, et les écarter sans en faire un exemple public serait une vengeance inutile ; car l'homme, malgré sa barbarie folle, était convaincu qu'il travaillait à de grandes et nobles fins. Une glorieuse occasion lui était alors donnée de donner une leçon salutaire. Il débarquait les femmes dans ce lieu désolé, leur donnant des provisions pour un an, et avant ce délai il pouvait revenir les chercher et les amener à sa colonie. Cela établirait sûrement son autorité et constituerait un avertissement pour tous les malfaiteurs pour l'avenir.

Il se tourna vers Gaillon , qui se tenait près de lui, souriant des terreurs de l'équipage.

"Préparez le bateau et ordonnez aux femmes de se préparer à débarquer. Je vais leur offrir des vacances sur l'île."

C'était un projet qui tenait à cœur à Gaillon . Il se frotta les mains avec une joie diabolique et se mit à donner les ordres nécessaires. Un bateau fut bientôt abaissé et rempli en abondance de provisions, de vêtements et de munitions. Gaillon et deux ou trois desperados qu'il avait entièrement sous son contrôle, débarquèrent et débarquèrent leur cargaison. Roberval surveilla lui-même le choix dans les provisions du navire et, à trois reprises, il ordonna au bateau de revenir, chaque fois avec une charge aussi importante qu'il pouvait transporter.

Pendant tout ce temps, le reste de l'équipage restait bouche bée d'étonnement, incapable d'imaginer quelles pouvaient être les intentions de Roberval, mais prêt, au moindre ajout à leurs craintes superstitieuses, à se lancer dans une mutinerie ouverte.

enfin de son troisième voyage. Roberval, pendant ce temps, avait ordonné aux femmes de se préparer à descendre à terre, et elles arrivèrent sur le pont, stupéfaites de surprise et incertaines du sort qui pourrait leur être réservé. Roberval leur ordonna de monter dans le bateau qui était maintenant à quai. Un murmure de consternation et de sympathie parcourut le navire, tandis que toute l'horreur de son projet se dessinait sur l'équipage ; mais personne n'osait intervenir, sauf le Père Lebeau . Inébranlable de sa rebuffade de quelques jours auparavant, le curé s'avança vers de Roberval, et, les yeux fixés sur lui, il s'écria :

" Sieur, prenez garde à ce que vous faites ! Quelles sont vos intentions envers ces femmes sans défense qui n'ont d'autre protecteur que vous-même ? Vous ne pouvez pas être perdu au point de tout sens de l'honneur et de la chevalerie au point de les abandonner pour périr sur ce rivage désolé ! Comment pouvez-vous attendez-vous à la bénédiction de Dieu sur cette entreprise si vous commettez volontairement ce grand mal ? Prenez garde que l'Église ne refuse de vous pardonner et ne chasse de son bercail l'homme qui pourrait être coupable d'un crime si monstrueux.

Le regard de Roberval se déplaça un instant sous l'indignation cinglante du curé, puis, l'écartant précipitamment, il murmura à voix basse :

"Épargnez votre colère, bon Père; je veux seulement leur donner une leçon. Je reviendrai les chercher en temps utile, je le jure. Ce n'est qu'une discipline nécessaire que je leur donnerais, pour qu'ils apprennent à m'obéir. pour le futur."

"Ils mourront de terreur !" dit le curé. « Vous avez entendu les légendes des démons qui hantent l'île ; et comment savez-vous à quels périls vous les soumettez de la part des sauvages, sinon de la part des mauvais esprits ?

— Il n'y a aucun signe d'habitation dans l'île, dit de Roberval avec impatience. " Mes hommes l'ont exploré à fond. Aucun Indien n'y est jamais allé, et une bonne frayeur ne leur fera aucun mal. Démons, " continua-t-il en élevant la voix pour que tout le monde puisse l'entendre, " que m'importent les démons ? Notre bienheureux Le Seigneur en a chassé sept de Marie-Madeleine, et je pense que cette trompette et ses compagnes en ont chacune soixante-dix fois sept encore dans leurs corps désobéissants. Mais ils iront à terre. Ne plaidez pas pour eux ; vos prières seront vaines.

Le curé aurait voulu parler davantage, mais Marguerite, qui comprenait maintenant le dessein de son oncle, s'avança avec le courage et la dignité qui lui manquaient rarement, et, la tête haute et la voix inébranlable, dit calmement :

" Ne vous tourmentez plus pour nous, bon Père. J'accueille avec joie tout sort qui me délivrera des tendres miséricordes d'un tyran. Voilà donc, " et elle tourna son regard clair vers son oncle, " le soin du père. " " Vous montrez un enfant orphelin ? C'est la protection que vous accordez à cette autre fille orpheline de père et de mère si récemment laissée à votre charge ? Se peut-il qu'un de Roberval ait sombré dans un si ignoble manquement à l' honneur et à la foi ? Je prie Dieu. " continua-t-elle plus doucement, "afin qu'il chasse le mauvais esprit qui vous possédait et vous rende votre nature noble et généreuse. Vous n'êtes plus l'oncle que j'aimais autrefois."

Elle cessa de parler et se laissa tranquillement descendre dans le bateau. Marie, pleurant amèrement, la suivit, et enfin le vieux Bastienne , remplissant l'air de sanglots et de lamentations, fut déposé auprès de sa maîtresse. Les hommes reprirent leurs rames et attendirent le signal du départ.

Roberval arpentait le pont d'un air sombre. Les paroles de sa nièce avaient fait mouche et il était sur le point de céder. Mais il avait déjà laissé sa faiblesse le détourner une fois de son objectif, et échouer à nouveau, à la vue de son équipage rassemblé, était une trop grande humiliation pour qu'on puisse y penser. Il endurcit son cœur et dit sévèrement à Gaillon :

"Voyez-les débarqués en toute sécurité ; veillez à ce qu'ils ne manquent de rien et revenez rapidement. Nous devons être sortis de là avant la tombée de la nuit. Le vent se lève, et je ne voudrais pas être pris sur ce rivage si une tempête survenait. "

Le bateau fit un dernier voyage précipité et les trois femmes furent abandonnées sur la plage désolée. Les rameurs n'avaient pas besoin des paroles de Gaillon : « Retournez maintenant, avec force et force », pour hâter leur voyage de retour. Ils ont tiré pour sauver leur vie ; et à travers la brume qui les surplombait, ils semblaient voir les formes des démons danser étrangement pour saisir leur proie. Une fois de retour dans le navire, l'ancre fut levée à la hâte, et tout le monde contribua avec empressement au travail de remise en route.

Mais pendant que cela se passait, le cœur de Roberval avait imaginé une vengeance encore plus cruelle.

« Amenez le prisonnier sur le pont, s'écria-t-il, et montrez-lui les résultats de sa désobéissance.

Lorsque Claude se tenait à côté de lui sur la dunette haute, il lui ordonna de regarder l'île où les trois femmes se tenaient ensemble sur la plage. Le long confinement dans la pénombre de la cale avait affecté la vue de Claude, et pendant un instant, tandis qu'il regardait à travers les lignes des vagues luisantes, il ne pouvait rien voir. Mais juste au moment où le bateau de retour atteignait le côté du navire et que les hommes montaient à bord en toute hâte, il aperçut le groupe sur le rivage.

"Ô Dieu juste!" s'écria-t-il, cela peut-il être permis ?

"Ainsi, répondit de Roberval, un Dieu juste a fait de moi l'instrument pour châtier le vice. Voyez, jeune homme, l'ouvrage de vos mains !"

"Si mes mains étaient libres", a déclaré farouchement de Pontbriand , "je deviendrais un instrument de Dieu pour débarrasser le monde du plus bas menteur et tyran qui ait jamais servi son maître, le Diable."

«Je serai généreux», a déclaré De Roberval. "Libérez les mains du chien et laissez-le dire un dernier adieu à son amant."

La serrure rouillée tourna, les menottes tombèrent sur le pont et Claude se dégagea. Mais libre dans une prison océanique, avec des ennemis de tous côtés ! Il jeta un coup d'œil autour de lui, rencontra les yeux cruels de Gaillon tout près de lui et, comme un éclair, s'enfonça dans l'océan.

"Abattez le méchant!" cria de Roberval.

L'un des hommes saisit une arquebuse et la pointa sur la forme qui se débattait dans l'eau. Il appuya sur la gâchette, mais à peine la poudre cracha-t-elle dans la poêle que le pistolet éclata dans ses mains, et un morceau de métal, pénétrant dans son cerveau, le coucha mort sur le pont.

"Les démons, les démons !" s'exclama l'équipage affolé. "Les démons s'approprient le nageur !"

"Laisse le partir!" dit de Roberval. "Il est trop faible pour atteindre le rivage. Il m'a épargné la peine de mettre fin à ses jours, comme j'aurais dû le faire tôt ou tard. Maintenant à Charlesbourg Royal. Aucun homme n'osera résister à ma volonté à l'avenir."

L'ancre était déjà levée, et en quelques instants *L'Heureux* commença à avancer et à élargir l'espace entre elle et l'île maudite.

Comme Claude se tenait debout sur la dunette, il était clairement visible pour les surveillants sur le rivage. Ils le virent sauter à la mer et entendirent le bruit de l' arquebuse . Leurs cœurs s'arrêtaient de peur ; mais ils tendaient leurs yeux avec avidité vers la surface éblouissante de l'eau. Aurait-il pu s'échapper ? Oui, là, au sommet d'une vague, dans le sillage du navire qui reculait rapidement, ils le virent se débattre. Il nageait. Il se dirigeait vers le rivage. Que Dieu l'aide ! Sainte Mère, aide-le ! Bienheureux Jésus, guide-le et donne-lui de la force !

vieux Bastienne avaient fait place à de ferventes exclamations de prière ; et tout en priant, elle tenait devant elle la croix que le roi François avait donnée à de Roberval, la précieuse relique qui, dit-on, avait été façonnée à partir d'un fragment de la vraie croix de Notre-Seigneur.

Bastienne était une âme pieuse et, en outre, vive d'esprit. Elle avait entendu les légendes de l'île qui s'étaient répandues parmi les marins, et lorsqu'elle comprit qu'ils allaient être débarqués, elle trouva un prétexte pour retourner en bas, se glissa dans la cabine de de Roberval et vola la précieuse relique de l'île. son étui, le cachant soigneusement dans son corsage. Aucun mauvais esprit ne pourrait s'approcher de l'endroit où se trouverait ce morceau de bois béni ; avec cela en leur possession, ils étaient à l'abri de toutes les puissances des ténèbres. Elle tenait maintenant la croix en l'air, croyant qu'elle donnerait au nageur le pouvoir d'atteindre le rivage.

Affaibli par sa longue détention, ses bras presque inutiles faute d'emploi, ses forces sapées faute de nourriture convenable, de Pontbriand luttait vaillamment contre les vagues vertes et salées. Sa tête s'enfonçait de plus en plus bas, un engourdissement mortel s'emparait de ses membres, et son cœur lui manquait presque lorsque ses yeux mi-clos aperçurent l'éclat de la croix d'or, tandis que le soleil couchant tombait sur elle, tenue haut dans les airs. par Bastienne . Il ne fit plus aucun effort pour nager. Une bonne centaine de mètres s'interposait entre lui et le rivage. Il doit ménager ses forces. Les vagues, il le savait, le porteraient à terre ; et avec juste assez de mouvement dans ses membres pour le maintenir à flot, il se laissa emporter. Mais l'eau du nord le glaçait jusqu'aux moelles ; et bien qu'il puisse voir clairement les femmes sur la plage et entendre leurs prières et leurs cris d'encouragement, il se sentit sombrer, et la prophétie de de Roberval semblait sur le point de se réaliser . Lorsqu'il se trouva à quarante pieds du rivage, ses membres glacés se détendirent, ses yeux se fermèrent et il disparut sous la surface de l'eau.

Mais Bastienne avait toute sa tête. Dans sa jeunesse, elle s'était plongée dans la Somme avec autant de joie que les plus braves Picards, et, si vieille qu'elle fût, ses membres étaient encore forts et robustes. Sans un instant d'hésitation, lorsqu'elle vit les forces de Claude l'abandonner, elle plongea dans l'eau, frappa hardiment dans sa direction, et, au moment où il tombait hors de vue, son bras fort le saisit. De toutes ses forces, elle l'entraîna après elle jusqu'au rivage, et Marguerite et Marie se précipitèrent dans l'eau jusqu'à la taille pour l'aider à porter son fardeau.

Au loin, dans le navire en retraite, les observateurs croyaient qu'il avait été livré aux démons. En passant devant un promontoire, ils rencontrèrent un phoque adulte qui glissait des rochers dans la mer, leur présentant son visage à moitié humain. Croyant qu'il s'agissait d'un démon, ils se signèrent avec terreur, et lorsque Claude disparut de leur vue , ils furent convaincus qu'il était parti à sa recherche et l'avait entraîné dans le monde infernal.

Pendant ce temps, Marguerite était assise sur le rivage, le visage pâle de Claude dans ses mains, lui baisant les lèvres et les yeux, et priant la Sainte Vierge de le restaurer et de ne pas lui enlever son dernier espoir.

CHAPITRE X

Pendant un moment, il sembla que Claude était effectivement mort. Les femmes lui frottaient les mains froides et faisaient tout ce que l'habileté de Bastienne pouvait suggérer ; mais leurs efforts semblaient inutiles, et ils avaient presque abandonné tout espoir, lorsque Marie, fouillant dans les magasins, trouva une caisse d'eau-de-vie et s'empressa de lui mouiller les lèvres avec cette liqueur. Bientôt, à leur grande joie, le sang commença à revenir sur sa joue et ils purent sentir son cœur battre. Enfin , il ouvrit les yeux comme dans un rêve et rencontra ceux de Marguerite penchée sur lui. Le cauchemar qu'il venait de traverser lui revenait : la lutte effroyable pour atteindre le rivage, le bruit de l'eau dans ses oreilles, comme le tintement d'innombrables cloches, le sentiment de désespoir qui l'avait envahi alors qu'il se sentait sombrer. . La pleine conscience lui revint au son de la voix de Marguerite qui s'écria :

"Il vit ! Ô Marie, soit louée, nous sommes sauvés !"

Sauvé certes, mais pour quoi ? Une prison insulaire dans un océan peu fréquenté, où des années peuvent s'écouler avant qu'un navire n'apparaisse en vue. La nuit tombait rapidement, et ils se trouvaient sans abri , dans un désert morne et inconnu, exposés à on ne savait quels dangers. C'étaient trois femmes sans défense, dont deux tendrement nourries et totalement inhabituées au besoin et aux privations ; et de Pontbriand n'était pas en état de lui être d'une quelconque aide. Leur situation semblait en effet désespérée, et Claude maudissait le sort amer qui avait fait de lui la cause d'un tel malheur pour sa bien-aimée.

Mais le vieux Bastienne vint encore une fois à son secours. Son endurance paysanne et son esprit picard ont été très utiles à tout le groupe. Elle trouva un silex et de l'acier — car de Roberval avait pourvu à tout le nécessaire — et, avec l'aide des deux jeunes filles, elle ramassa suffisamment de broussailles et de branches sèches pour allumer un immense feu dont la fumée, s'élevant haut dans les airs, était visible. à l'horizon depuis le navire au départ. Les marins tombèrent à genoux, terrorisés à cette vue, croyant que c'était une autre preuve que les démons consumaient leurs victimes avec des flammes inextinguibles.

Bastienne fit bientôt sécher les vêtements mouillés de Claude et lui redonner des forces grâce à des stimulants chauds. Ils avaient des provisions en abondance – de la nourriture grossière qu'on proposait à bord des navires à cette époque – et la vieille femme prépara un repas à la hâte, auquel elle força les deux filles à participer. Mais à ce moment-là, l'obscurité s'était accumulée autour d'eux et il était impossible de faire quoi que ce soit d'autre cette nuit-là.

Heureusement, la période de l'année était favorable . Le temps était chaud, même pour juin ; et l'orage que Roberval avait prédit semblait être passé, du moins pour le moment. L'air doux et le ciel clair d'une nuit d'été canadienne rendaient la perspective de la passer en plein air beaucoup moins terrible qu'elle ne l'aurait été autrement. Ils maintinrent leur feu allumé toute la nuit, pour se protéger, mais ils ne rencontrèrent aucune alarme et ne furent inquiétés que par les insectes qui pullulaient dans l'air autour d'eux, attirés par la lumière. Claude, épuisé de fatigue, dormait du profond sommeil de l'épuisement, et Marguerite passait la majeure partie de la nuit à veiller à ses côtés, tandis que les deux autres femmes s'occupaient du feu.

La courte nuit de juin fit bientôt place au crépuscule fantomatique et gris précédant l'aube ; et enfin , les bandes de couleurs bienvenues à l'est proclamèrent aux observateurs fatigués que la lumière du jour était de nouveau proche. Leur première nuit dans leur maison insulaire était terminée.

La matinée se leva belle et sans nuages, et la petite colonie de quatre personnes se mit à examiner leur situation et à explorer leur nouveau domaine. Ils trouvèrent que c'était en effet un désert aride, rocheux, presque dépourvu de végétation, à l'exception des buissons grossiers de fougères et de genévriers qui poussaient par parcelles, et d'occasionnels bouquets de bouleaux, de pins rabougris ou de sapins. Aucun signe qu'un pied humain autre que le leur n'ait jamais visité cet endroit n'a pu être découvert : et les seuls animaux qu'ils ont rencontrés étaient des lièvres en abondance et des renards, à la fois rouges et noirs, qui s'enfuyaient avec terreur à leur approche et les observaient de haut en bas. une distance avec des yeux brillants et timides. Les oiseaux de mer planaient en grand nombre autour des falaises du rivage, et ce qui suscitait le plus leur étonnement et leur intérêt, étaient les pingouins solennels et disgracieux, qui avaient leur demeure le long de la plage. Ces oiseaux grossiers et à l'air impuissant, dérangés dans leur occupation de pêche parmi les bas-fonds rocheux, se dandinaient, alarmés à l'approche des intrus, qui étaient irrésistiblement poussés à rire de leurs mouvements maladroits. Il ne fait aucun doute que ces étranges créatures avaient en partie donné lieu à de nombreuses histoires étranges sur les habitants démoniaques de l'île.

De Pontbriand , dont les forces ont été merveilleusement recrutées par le long repos et par Bastienne traitement habile , entreprit de préparer une sorte d'abri pour les femmes avant qu'une autre nuit ne s'abatte sur elles. Ses expériences de soldat, et plus encore ses aventures dans les régions sauvages du Canada, lui vinrent en aide, et il ne tarda pas à construire une sorte de wigwam grossier, tel qu'il avait vu les Indiens construire partout où ils établissaient leurs camps. Les branches de pins odorantes formaient un canapé luxueux, et les filles épuisées étaient heureuses de se jeter et de dormir, pendant que Claude veillait près du feu dehors. Le lendemain, et les deux suivants, il s'employa à recouvrir la demeure primitive de chaume avec de l'écorce de bouleau et tous les matériaux qu'il pouvait trouver pour évacuer la pluie des pentes. Pour lui-même, il trouva un creux abrité parmi les rochers, où ni le vent ni la pluie ne pouvaient l'affecter grandement, et il disposa leurs provisions parmi les nombreuses cavernes rocheuses similaires dont l'île regorgeait.

Ses préparatifs ne furent pas trop tôt terminés. Les nuages qui planaient depuis plusieurs jours se sont finalement rassemblés un après-midi et ont roulé en masses lourdes et tonitruantes sur le ciel du sud. L'air devint sombre et étouffant, des éclairs jaillirent des profondeurs du banc de nuages violets ; bientôt le tonnerre gronda au-dessus de nous et les vagues se frappèrent avec fureur contre le rivage. La tempête était sur eux de toutes ses forces. Elle ne dura pas longtemps, mais fut suivie de beaucoup de pluie pendant la nuit, et le lendemain matin il y eut un violent coup de vent. Les vagues s'élevaient si haut que les embruns de leurs crêtes se précipitaient sur le fragile abri que Claude avait élevé ; et il comprit qu'il fallait inventer quelque chose de plus permanent et de plus durable. L'été passerait et l'hiver pourrait s'abattre sur eux depuis le nord désolé avant qu'il n'y ait la moindre chance qu'ils soient secourus. Il faut construire une habitation qui protégerait du froid, de la neige et des rafales mordantes de l'hiver canadien. Mais comment? Et avec quels matériaux ? Il disposait d'outils en abondance, mais comment construire une habitation à partir des arbres rabougris et tordus par le vent, qui constituaient tout le bois d'œuvre que l'île offrait, était une énigme qu'il ne voyait aucune chance de résoudre.

Cependant, la fortune lui fut favorable . Le lendemain, alors qu'il se promenait le long d'une partie élevée et rocheuse du rivage, il aperçut dans l'eau peu profonde à ses pieds ce qui semblait être la coque d'un navire. En descendant la falaise, il découvrit avec plaisir que tel était effectivement le cas. C'étaient sans doute les restes de cette même embarcation malheureuse que Laurent, le pêcheur, avait vu disparaître sous les flots. Les poutres étaient en chêne de bonne qualité, et les vagues, les brisant alors qu'elles arrivaient de l'immense étendue extérieure, en avaient emporté beaucoup d'entre elles en hauteur et à sec sur le rivage. Il y avait de l'abondance pour une cabane, et avec celles-ci, et avec l'aide des arbres dont il pouvait se prévaloir, il avait l'espoir de pouvoir construire une habitation plus substantielle avant que le froid ne s'installe.

Entre-temps, ses forces lui revinrent rapidement, et dans les longues et lumineuses journées d'été et les nuits glorieuses, la vie semblait encore offrir des possibilités de joie et d'espoir pour la petite fête. Ils reçurent le nécessaire pour vivre, bien qu'ils eussent pris soin d'économiser autant que possible leurs provisions ; et Claude put varier leur menu ordinaire en y ajoutant d'excellents poissons et un oiseau de temps en temps, car ils étaient bien approvisionnés en armes à feu et en munitions. La vie rustique et en plein air semblait convenir aux deux filles ; et tous quatre rivalisaient d'un courage résolu et joyeux, évitant toute allusion aux terreurs que l'avenir pourrait leur réserver.

Dans l'anse où gisait le brick coulé, Claude avait construit un radeau grossier, et avec l'aide de Marie, dont les jeunes bras forts et l'esprit brillant et courageux lui étaient d'une valeur inestimable, il fit bientôt transporter suffisamment de planches et de bois à l'endroit où ils avait atterri. Les amener à terre et les transporter à l'endroit qu'il avait choisi comme étant le plus abrité et le plus approprié à son dessein n'était pas une tâche facile ; mais avec le temps et les efforts unis de tout le parti, tous les obstacles furent progressivement surmontés. Le bâtiment, bien que petit, mit du temps à être achevé et, pendant des semaines, le bruit du marteau et de la scie de Claude troubla le calme primitif de la petite île du nord. Les femmes apportèrent leur aide de toutes les manières possibles ; et j'observais avec admiration la manière habile avec laquelle Claude se préparait à tout danger qui pouvait arriver à la petite demeure ; aucun ne donnait signe de l'espoir secret et chéri de tous leurs cœurs, qu'ils n'auraient jamais besoin de l'achever, ni de l'occuper une fois terminé.

Ainsi passèrent juillet et août ; et vers la fin du dernier mois, le « château », comme Marie l'avait gaiement désigné, était enfin terminé. Ils se sont transférés avec leurs affaires dans son refuge, et juste à temps. Le temps, comme d'habitude à cette époque de l'année, changea soudainement et un violent vent balaya l'île. Pendant trois jours, la pluie tomba à torrents, et les vagues folles roulèrent de plus en plus haut sur la plage, jusqu'à ce que l'endroit où se trouvait leur abri d'été soit entièrement recouvert. Les nuits aussi devenaient froides et mornes ; et le cri lugubre du vent à travers les arbres et le mugissement rauque de la mer parmi les rochers et les grottes avaient un effet terrifiant qui rendait difficile même aux esprits courageux de ces Françaises de haute naissance de conserver leur calme et leur espoir. .

Avec les jours raccourcissant et les vents d'automne, une tristesse s'empara de la petite colonie et ne voulut pas se débarrasser. Son influence fut peut-être surtout ressentie par Marie, même si sa vive vivacité ne lui faisait jamais défaut lorsque les autres étaient présents. Les amants ne pouvaient pas être complètement malheureux tant qu'ils se connaissaient. Leur avenir était plein d'incertitudes et le présent de difficultés et de dangers, mais au moins ils étaient ensemble, et la séparation avait été la plus amère de leurs épreuves. Avec Marie, il en était forcément autrement. Elle ne pouvait que se sentir seule, dans un sens inconnu des deux autres ; et elle avait pris l'habitude, dans les douces journées de septembre, d'errer seule le long du rivage, souvent assise pendant des heures, les mains jointes sur les genoux, regardant en vain l'horizon lointain et vide. Elle avait un compagnon, un jeune renard que Claude avait attrapé et apprivoisé pour elle. Le petit animal s'était attaché à elle et, à mesure qu'il grandissait, il devenait son compagnon constant dans toutes ses promenades. Marguerite ne pouvait manquer de remarquer les longues absences de son amie, et allait souvent à sa recherche et la ramenait pour rejoindre Claude et elle dans toutes leurs activités ; mais Marie était toujours gaie et gaie avec elle, et aucun soupçon de la mélancolie qui l'envahissait peu à peu ne s'éveillait dans le cœur de Marguerite.

C'est sur le vieux Bastienne que le changement du climat commença à se faire sentir le plus clairement. La vieille femme fidèle avait supporté sans se plaindre les épreuves que ses jeunes maîtresses pouvaient endurer sans murmurer ; mais ses vieux os avaient souffert de l'exposition aux rosées nocturnes et à l'air marin humide ; avec les vents froids de l' automne , elle fut atteinte de rhumatismes et perdit l'activité et l'énergie qui leur avaient si bien servi. Elle a beaucoup souffert ; ses gémissements empêchaient souvent les deux filles de dormir la nuit ; et même Claude, qui s'était construit un petit appentis du côté abrité du « château », entendait ses plaintes .

Avec les premières gelées d'octobre, les feuilles prirent leur éphémère splendeur automnale, pour ensuite se flétrir et tomber, laissant la petite île dépourvue même de sa maigre apparence de végétation. L'hiver, avec son souffle dévastateur, s'abattait sur eux ; et lorsque les premières neiges flottèrent dans l'air, ils comprirent que de longs et mornes mois de souffrance les attendaient.

Mais l'un d'eux, au moins, devait échapper à cette terrible épreuve.

Par une journée calme et douce, alors que la douce brume bleue d'octobre remplissait l'air de sa beauté trompeuse, Marie s'était rendue dans l'un de ses repaires favoris le long des falaises, une haute pointe rocheuse qu'ils avaient baptisée en riant "regard". -dehors." Alors qu'elle était assise là, regardant la mer brumeuse et endormie en contrebas, son œil aperçut la lueur d'un bouquet de fleurs sauvages à floraison tardive, les dernières de la saison, sur une pointe du rocher sous elle. L'envie lui prit de l'obtenir pour Marguerite. Elle tendit la main et l'avait presque dans sa main, lorsqu'un léger mouvement derrière elle la fit sursauter un peu, perdre l'équilibre et tomber tête baissée par-dessus la falaise. Elle tomba sur les pierres en contrebas et resta immobile, tandis que le petit renard, dont l'approche bruissante parmi les feuilles sèches lui avait fait faire un mouvement précipité, se tenait sur le bord au-dessus, scrutant avec une curiosité étonnée la silhouette silencieuse de son joyeux camarade de jeu. Les pingouins et les macareux, effrayés de leurs perchoirs rocheux, s'enfoncèrent dans l'océan et se levèrent à peu de distance pour chercher la raison du dérangement. Ne voyant plus aucune raison de s'alarmer, ils reprirent courage et revinrent peu à peu, et leurs formes bizarres et disgracieuses se tenaient en groupes s'interrogeant sur la jeune fille immobile, qui gisait avec un bras tendu dans l'eau froide de la baie.

Pendant ce temps , ses amies attendaient le retour de Marie pour le repas de midi. Mais elle n'est pas venue ; et ils partirent finalement à sa recherche, l'appelant par son nom le long du rivage, mais ne recevant aucune réponse sauf le cri sauvage de la mouette qui tournait au-dessus d'eux, et le rire étrange du grand plongeur appelant son compagnon qui répondait. Ils connaissaient son point de rocher préféré et, en l'atteignant, ils trouvèrent le petit renard toujours debout sur le bord et regardant en bas. À leur approche, il bondit brusquement et disparut parmi les buissons.

Le cœur serré par une vague crainte d'un nouveau malheur, Claude se dirigea vers le bord de la falaise et regarda. Il vit immédiatement ce qui s'était passé. Les pierres du sommet étaient détachées et fraîchement remuées, et les arbustes bas qui bordaient le rocher étaient écrasés et brisés. Retirant précipitamment Marguerite, lui ordonnant de revenir immédiatement à la cabane et d'avertir Bastienne de préparer des réparateurs et des couvertures, il se précipita vers le pied de la falaise. La marée montait rapidement et la distance était considérable. Malgré toute sa hâte, il arriva juste à temps. Tandis qu'il contournait l'éperon qui formait un côté de la baie, l'eau, qui n'avait d'abord recouvert qu'un des bras de Marie, atteignit ses cheveux, et en quelques minutes dut encore lui monter sur le visage. De Pontbriand tira la forme meurtrie et insensée plus haut sur les rochers et palpa avidement son cœur. Il y eut un battement faible et lent qui lui indiqua qu'une vie faible flottait encore là. La soulevant dans ses bras, il l'emporta avec toute la rapidité possible jusqu'à la cabane, où tous les moyens que leurs ressources et leur habileté pouvaient suggérer pour la ramener à la conscience furent essayés, et, à ce qu'il semblait, en vain. Enfin, tandis que le court après-midi d'octobre s'éteignait dans une brume pourpre et que la triste et grise soirée se refermait sur eux, Marie ouvrit les yeux. Elle était parfaitement consciente et ne semblait souffrir d'aucune douleur. Mais la fin était visiblement proche. Elle parlait peu et restait très tranquille, la main de Marguerite dans la sienne. Juste avant qu'il ne fasse trop sombre pour qu'ils la voient, elle fit signe à Claude de s'approcher, et alors qu'il se tenait à côté de son canapé, elle posa la main de Marguerite dans la sienne, sourit paisiblement en sentant la forte prise se rapprocher au-dessus d'elle et, la fermant. Les yeux, la tête un peu tournée, elle s'éteignit si tranquillement qu'on ne pouvait dire quand fut poussé son dernier souffle.

Lorsqu'ils comprirent qu'elle était bel et bien morte, leur chagrin resta sans mots. La vieille Bastienne , au pied du canapé, récitait les prières des morts d'une voix étranglée par les sanglots et les larmes coulant sur ses joues ridées

; mais Marguerite s'agenouillait en silence, les yeux secs, à côté du corps de son amie, regardant ce visage calme et tranquille. Enfin Claude la releva et, l'enveloppant tendrement d'un manteau, la conduisit hors de la cabane et jusqu'à la plage. Ils restèrent silencieux, tremblants dans les bras l'un de l'autre, le cœur trop plein pour parler ou pleurer, tandis que le vent froid d'octobre sifflait de la mer et que les mouettes et les courlis volaient en hurlant autour de leurs têtes.

CHAPITRE XI

Cette même nuit, vers l'heure où Marie rendait son dernier soupir, Charles de la Pommeraye chevauchait furieusement sur la route qui mène vers l'est jusqu'à Paris, où le roi tenait une cour provisoire. Il chevaucha toute la nuit, et au moment où les premières lueurs du matin révélaient au loin la silhouette grise des tours de Notre-Dame, son cheval fonça dans la ville endormie.

Il avait fait un voyage de retour fatiguant ; quels vents il y avait avaient été défavorables ; pendant près d'un mois, les navires de Cartier étaient restés encalminés au milieu de l'océan ; et ce n'est qu'à la fin du mois d'août que Saint-Malo, avec ses murs imposants et ses créneaux accidentés, fut atteint.

Les trois navires avaient été joyeusement accueillis par les Malouins . Les marchands qui avaient fait de grandes avances aux audacieux aventuriers, dans l'espoir d'être récupérés sur les trésors du Nouveau Monde, ressentirent un moment de douleur à cause de leurs pertes ; mais la déception privée fut oubliée dans le public se réjouissant du retour sain et sauf de leur audacieux. et son concitoyen de renommée mondiale, Jacques Cartier.

La Pommeraye ne trouvait que peu de plaisir à ces festivités. Il était possédé par l'idée de voir Marguerite le plus tôt possible. L'absence n'avait en rien obscurci son image dans son esprit ; comme il était inconstant et impressionnable d'habitude, la partie la meilleure et la plus noble de sa nature avait été éveillée par son amour pour la belle fille qu'il avait rencontrée dans des circonstances si inhabituelles et dont il avait encore si peu vu. Maintenant que la fortune semblait lui être favorable , il maudissait tout obstacle qui le retenait un instant de plus à ses côtés. A la première occasion, il échappa aux Malouins enthousiastes et admiratifs ; et après s'être débarrassé d'une quantité de riches fourrures qu'il avait achetées à Tadousac avant de quitter le Saint-Laurent, il acheta un cheval et partit pour la Picardie, comme l'endroit le plus susceptible d'avoir des nouvelles de Mademoiselle. de Roberval, même s'il ne la trouva pas au château.

Pour s'enfuir au plus vite, il fut obligé de donner l'erreur à Cartier. Celui-ci tenait à se présenter immédiatement en justice, à signaler l'échec de sa tentative de fonder une colonie et à demander la permission de revenir et de ramener de Roberval. Il serait cependant hors de question de commencer avant le printemps, la saison étant déjà très avancée ; et La Pommeraye décide de laisser Cartier aller à la cour sans lui, car l'hiver leur laisserait tout le temps de réfléchir à leurs projets.

Il apprit par hasard que Roberval était parti de La Rochelle au lieu de Saint-Malo, comme il l'avait supposé ; mais l'idée qu'il aurait pu emmener sa nièce avec lui ne lui vint naturellement jamais à l'esprit, et personne à Saint-Malo ne put le renseigner.

Ainsi, un matin du début de septembre, il monta à cheval et entreprit sa longue chevauchée vers les bords de la Somme. C'était un long voyage; mais l'amour ne le laissa ni jour ni nuit se reposer jusqu'à ce qu'il soit arrivé à la fin. Il n'y est pas non plus parvenu sans aventure. Un matin, à environ une journée de route de sa destination, il rencontra deux cavaliers gais, aux chevaux finement caparaçonnés, qui couraient en route vers Paris. Ils aperçurent le cheval taché de poussière et le cavalier plus poussiéreux et, pensant que ce serait un beau sport d'aiguiser leurs lames sur son épée maladroite, se précipitèrent sur lui.

Mais ils avaient mal calculé leur homme ; et comme le premier galant arrêtait son cheval à quelques pas de La Pommeraye , son cœur s'affaiblissait en lui en voyant l'œil déterminé et les lèvres souriantes de l'homme qu'il s'attendait à voir se retourner et fuir devant lui.

« A toi, mon délicat coq-robin ! » dit La Pommeraye . « Il me semble que la fumée de cette auberge annonce un petit-déjeuner prêt, et je rendrai plus justice au repas après un peu d'exercice.

Le jeune noble pâlit jusqu'aux lèvres, mais affronta vaillamment le procès qu'il avait lui-même convoqué. Leurs chevaux dansèrent les uns autour des autres pendant quelques instants, des étincelles jaillirent de leurs lames étincelantes, mais la lutte fut inégale. Le jeune homme s'efforçait d'atteindre la poitrine de son adversaire, mais chacun de ses coups se heurtait à une garde déterminée ; et lorsque La Pommeraye jugea que le temps de respiration avant le petit déjeuner avait été suffisamment long, il fit quelques passes rapides que l'œil du jeune homme ne pouvait suivre, frappa l'épée de son adversaire, frappa d'un coup éclair un large ornement d'argent qui ornait la table. la poitrine du cavalier gai, le poussa de son cheval et éclata d'un rire joyeux tandis que le garçon se redressait sur la route poussiéreuse, s'étonnant de sa fuite. Son compagnon, qui était là pour profiter du concours, se joignit chaleureusement au rire.

" Noblement fait ! " s'écria-t-il avec admiration, tu manies ton épée comme si tu avais eu l'habitude de jouer devant le roi François. Henri, tu n'es pas un bon élève ; tu aurais dû user davantage de ton cheval et moins te fier à tes armes. Si Monsieur n'est pas fatigué du combat, serait-il heureux de mesurer les épées avec moi ? Il ne me trouvera pas un simple garçon.

« Avec tout le plaisir de la vie, » dit Charles en souriant, « mais je crains que le bacon de cette auberge ne soit entièrement brûlé si je ne me dépêche pas de partir ; alors dessinez tout de suite ; je n'ai pas le temps d'échanger des mots. "

— Prenez garde, Jules, s'écria Henri ; "c'est le Diable."

La Pommeraye a retenu le nom.

"Ai-je l' honneur de croiser le fer avec Jules Marchand ?" a-t-il dit. " Votre renommée ne m'est pas inconnue ; et si je n'étais pressé d'arriver au terme de mon voyage, je voudrais prolonger le combat ; tel qu'il est, il doit être court et vif. "

Comme un éclair, son arme jaillit ; comme un éclair, l'autre l'a rencontré. Mais si l'épéiste était l'égal de La Pommeraye en habileté, il manquait de force ; et à peine avaient-ils joué une minute que l'épée de Jules Marchand lui fut arrachée des mains, et il resta assis, noir de colère, sur son destrier, qui hennissait comme pour reconnaître la mésaventure de son maître.

" Pardon, messieurs, " dit Charles en souriant, " il ne faut pas que je traîne plus longtemps en chemin. Si vous n'alliez pas en sens inverse, je vous inviterais à déjeuner avec moi. Mais prenez garde désormais à la façon dont vous attaquez les voyageurs solitaires ; si la France, maintenant que l'Espagne est de nouveau en armes contre elle, n'avait pas besoin de tout homme capable de porter l'épée, j'aurais laissé au moins l'un de vous au bord de la route.

cela , il salua les deux galants en riant et s'en alla.

"Le Diable, ou La Pommeraye ", dit Jules.

" Ni l'un ni l'autre ! Trop joyeux pour le Diable, " répondit Henri, " et La Pommeraye , on l'a entendu, a été tuée à Paris. "

"Non," répondit Jules, "cette nouvelle était fausse. Mais il est vrai qu'il n'est plus en France. Guillaume Leblanc l'a vu à bord d'un des navires de Cartier, en route vers le Nouveau Monde. J'étais content de la nouvelle , je Je dois l'avouer. Son habileté et sa force me faisaient redouter de le rencontrer, et son départ m'a laissé le premier épéiste de France, car malgré la réputation de de Roberval, il était d'une vieille école et facile à vaincre. une mauvaise seconde. Mais allons à Paris et découvrons qui peut être ce fringant cavalier.

La Pommeraye continua sa route et ne s'attarda guère jusqu'à ce qu'elle atteigne la Picardie. Quelques serviteurs de Roberval étaient autour de son château ; et d'eux il apprit que le noble non seulement était allé lui-même dans le Nouveau Monde, mais qu'il avait emmené sa nièce avec lui.

La nouvelle lui tomba dessus comme un coup de foudre. Des milliers de kilomètres de mer agitée s'étendaient entre lui et le visage qui hantait ses rêves. Alors qu'il pensait à quel point il avait été près d'elle dans le port de

Saint-Jean, son cœur bondissait follement en lui et ses globes oculaires battaient dans son cerveau.

Mais il ne tarda pas à planifier une ligne d'action. Il se hâterait d'aller en cour et trouverait le moyen de retourner immédiatement dans le Nouveau Monde. Seule la destruction pouvait attendre les colons, et il frissonnait en pensant aux filles tendrement élevées et exposées aux violentes tempêtes et au froid glacial de l'hiver canadien.

donc sellé une fois de plus, et le battement mesuré de ses sabots devenait de plus en plus rapide à mesure que Paris approchait.

Une fois dans la ville, il ne perdit pas de temps pour présenter une demande d'audience au roi, et l'annonce de son nom et de la nature de sa mission lui valut facilement l'admission en présence de François.

Il constata que Cartier l'avait devancé de quelques jours et avait insisté sur la nécessité de rappeler Roberval et sur le caractère désespéré de toute tentative de colonisation du Nouveau Monde. Le roi avait été grandement déçu par la chute de tous les espoirs et des brillantes prophéties avec lesquelles l'expédition avait commencé. Il avait récompensé le courage et l'esprit d'entreprise de Cartier par la promesse d'un brevet de noblesse, mais semblait réticent à encourager l'idée du retrait du deuxième détachement de colons. Il était enclin à soupçonner que la jalousie de De Roberval et la déception de son propre échec avaient quelque chose à voir avec le souci de Cartier de faire échouer un projet sur lequel il avait à cœur un an auparavant. La Pommeraye voyait ses espérances s'éloigner ; son cœur se serra en lui.

"Mais qu'en pense le duc de Guise ?" dit tout à coup le roi en se tournant vers ce vieux noble, qui était maintenant son principal conseiller, occupant la place qu'Anne de Montmorenci avait si longtemps occupée.

Le duc était resté silencieux pendant l'entretien, regardant La Pommeraye d'un air méditatif.

« Je pense, sire, » répondit-il, « qu'il y a beaucoup de sagesse dans ce que le jeune homme recommande. Nous avons déjà gaspillé trop de bons trésors dans ces vaines entreprises ; et maintenant que l'Espagne a besoin de notre plus grande attention, nous ne pouvons épargner ni l'un ni l'autre. ni d'argent pour des projets de colonisation étrangère .

« Vous entendez, M. La Pommeraye , dit François, ce que dit le duc ; mais nous avions espéré remplir nos coffres des richesses du Canada.

" Plaise à Votre Majesté, " dit Charles, " il n'y a pas de richesses là-bas, sauf quelques fourrures et du poisson. Cela pourrait servir à donner à un marchand de Saint-Malo ou de Rochelle assez de richesse pour se retirer et subvenir aux besoins de ses filles, mais cela ne suffirait pas. "Je ne vais pas très loin dans l'équipement d'un bataillon. J'avais eu de grands espoirs dans cette entreprise, mais les expériences de l'hiver dernier m'ont appris que nos luttes pour coloniser le Nord aride ne servent à rien . Les nobles gens qui gaspillent leur Vivre sur cette terre stérile, avec pour seuls compagnons des meurtriers et des voleurs, serait bien mieux en France, protégeant ses côtes des invasions étrangères. »

"Il y a du vrai dans ce que vous dites", répondit le roi après un moment de pause. "Nous avons grand besoin de De Roberval. Les Picards adorent le "Petit Roi de Vimeu ", et s'il ne revient pas, nous craignons de n'obtenir que peu de fonds et peu de troupes des hommes robustes de sa province. Mais qu'est-ce que c'est ? ce que tu aurais?"

" Un navire, Sire, " répondit promptement La Pommeraye , " équipé et approvisionné pour un voyage au Canada, et permission à Cartier d'y revenir et de rappeler Roberval en France. "

« *Parbleu !* » dit le roi, « une demande modeste ! Eh bien, nous examinerons la question et verrons quel parti il convient de prendre.

"Mais, Sire," dit Charles, sa détresse et son anxiété prenant le dessus sur sa diplomatie, "l'hiver approche, et si nous ne partons pas tout de suite, nous ne pourrons atteindre Charlesbourg Royal qu'au printemps."

, pendant les dernières phrases, causait à part avec quelqu'un près de lui, se tourna vers le roi.

« Que cela vous plaise, Sire, » dit-il, « mon neveu fou désire une faveur de votre part. Il paraît qu'il doit la vie à ce vaillant gentleman, et il me prie de vous prier de lui accorder tout ce qu'il lui demandera. demandes."

Tout en parlant, Charles reconnut dans le jeune cavalier gai qui s'avançait, son antagoniste déconcerté de l'aventure sur la route de Picardie.

"Nous nous sommes déjà rencontrés", dit-il en s'inclinant devant La Pommeraye . « Sire, ce n'est autre que le redoutable épéiste dont les exploits ont fait le bruit de la cour depuis une semaine, au grand dam de Jules Marchand. Mon oncle, si vous m'aimez, vous lui devez une dette de gratitude. en ce moment au ciel, prier pour votre âme est dû uniquement à sa générosité.

"Non," interrompit La Pommeraye , "ma générosité ne vous a pas sauvé; c'était l'étoile d'argent que vous portiez sur votre poitrine. J'avais eu l'intention de vous traverser; mais cette babiole étincelante a attiré mon attention, et je n'ai pas pu résister à l'expérience nouvelle. de me pencher sur toi avec ma rapière.

Un rire chaleureux, auquel le roi se joignit, retentit parmi ceux qui se tenaient à proximité, car tous connaissaient l'aventure que le joyeux Henri de Guise avait racontée avec l'embellissement qui lui était dû.

"Nous n'avons pas eu de plaisanterie aussi bonne depuis notre arrivée à Paris," dit Francis, "que cette rencontre nous a fourni. Vos vaillants actes méritent une récompense. Le navire est à vous, et Cartier a notre permission d'y aller; mais nous le ferons. " Ne l'obligez pas à quitter la France à moins qu'il ne le souhaite. Et quant à l'équipage du navire, vous devrez trouver d'autres moyens, car chaque fils est nécessaire pour protéger la France de nos ennemis espagnols. "

ainsi qu'à la fin de septembre, La Pommeraye se retrouva à traverser à nouveau le Sillon , avec le pouvoir d'acheter un navire et de commencer aussitôt à demander à Roberval de rentrer en France. Sa première démarche fut de rechercher Cartier et de l'informer du succès de sa mission.

Il constata cependant qu'il ne fallait pas persuader le marin expérimenté et prudent d'entreprendre le voyage avant le printemps. Il montra peu de chaleur envers les concessions du roi ; et déclara qu'en raison des retards imprévus qui les avaient retardés dans le voyage de retour, il était maintenant si tard que ce serait une folie d'essayer de traverser l'océan avant l'arrivée de l'hiver.

« De toute façon, dit-il, de Roberval ne peut faire autrement que nous. Cet hiver leur prouvera que leurs efforts sont vains ; ils seront forcés de revenir au printemps.

"Mais, dit La Pommeraye , pensez aux nobles femmes qui les accompagnent ! L'hiver les tuera !"

«Je ne savais pas qu'ils étaient avec Roberval», a déclaré Cartier. "Je suppose qu'il aurait eu la bonne idée de les laisser derrière lui."

" J'ai été en Picardie et à Paris, répondit Charles, et j'ai appris avec certitude qu'ils l'accompagnaient. Il faut les atteindre tout de suite, sinon le scorbut, le froid ou les Indiens les détruiront sûrement. "

— Il faudra en tout cas s'en remettre à la Providence jusqu'au printemps, répondit Cartier. "Nous ne pouvions pas atteindre le golfe du Saint-Laurent avant la formation des glaces. Il faudrait attendre octobre avant que nous puissions mettre en route, et vous vous souvenez que l'Hochelaga a été ponté à peine un mois plus tard l'année dernière. Aucun navire n'a besoin d'espérer pour faire le pénible voyage à travers l'Atlantique en moins de six semaines."

La Pommeraye , dans son impulsivité, n'y avait pas pensé ; et tandis que la vérité des paroles du marin lui apparut, il sentit que ses amis étaient condamnés.

Il accepte l'inévitable avec tout le stoïcisme qu'il peut, et ne pouvant rester à Saint-Malo, il rentre à Paris pour occuper tant bien que mal son temps jusqu'à l'arrivée du printemps. Mais la vie gaie à la cour ne le fascinait pas. Les dés et la coupe de vin ne parvenaient pas à l'attirer, et les femmes s'émerveillaient du beau jeune Hercule qui montrait une telle indifférence à tous leurs charmes. Il doit avoir une excitation d'une sorte plus virile ; et bien qu'il n'y ait pas eu de batailles de grande importance à livrer, les combats à la frontière offraient de nombreuses opportunités pour des épées comme la sienne. Son ancienne renommée lui revint bientôt ; et les récits de sa merveilleuse audace parvinrent à Fontainebleau, pour être merveilleusement développés par son fidèle ami et admirateur, Henri de Guise.

Mais il ne déviera jamais de son objectif et, dès que le soleil de mars commença à réchauffer le sol, il tourna la tête de son cheval vers Saint-Malo.

À son arrivée sur place, il constate avec surprise que Cartier n'est pas plus enthousiaste à l'égard de l'expédition qu'il ne l'avait été à l'automne. Cet insatiable vagabond semblait enfin en avoir assez des aventures maritimes et terrestres. Il avait reçu du roi son brevet de noblesse, et depuis les souffrances et les découragements de son dernier voyage, la perspective du confort et des honneurs en France semblait lui offrir plus d'attraits que l'idée d'affronter à nouveau les dangers des profondeurs. Ses membres n'étaient plus aussi robustes qu'autrefois, son œil avait perdu un peu de sa vivacité, et les rigueurs et les inquiétudes du dernier hiver l'avaient marqué. Il avait de l'argent pour subvenir à ses besoins jusqu'à la fin de ses jours, et il avait acheté l'hôtel seigneurial de Limoilou, cette ancienne maison de pierre que les Malouins désignent encore avec fierté comme la résidence de leur grand marin. Lorsque Charles arriva, il était sur le point de s'installer avec sa famille dans sa nouvelle demeure.

Il était prêt à lui vendre son bon navire, *L'Emerillon* , et à faire tout ce qui était en son pouvoir pour favoriser le succès de ses efforts, mais il était visiblement réticent à s'arracher une fois de plus à la paisible maison dont il était le confort. Commençant seulement à comprendre que Charles résolut de ne pas le tenir à la lettre de sa promesse, mais d'entreprendre le voyage seul. Un maître voilier compétent, Gaspard Girouard, fut trouvé, *L'Emerillon* fut bientôt armé ; et comme elle se rendait apparemment au Canada simplement pour rapporter un chargement de fourrures, des marins plus robustes qu'il n'était nécessaire affluèrent pour la rejoindre dans son voyage.

Les brises d'avril les ont portés à travers l'Atlantique sans encombre. Ils avaient l'intention d'emprunter le passage sud, mais un violent vent printanier les fit dévier de leur route et ils se dirigèrent vers le détroit de Belle Isle. Les marins aperçurent, alors qu'ils longeaient la côte de Terre-Neuve, une île rocheuse lointaine à l'horizon. Alors que Charles le regardait, il remarqua de la fumée s'élevant vers le haut.

« Quels endroits étranges, dit-il en se tournant vers Girouard, ces sauvages nous choisissent de demeurer ! J'ai beaucoup erré dans les régions sauvages du Canada, mais je ne suis jamais tombé sur un endroit qui leur semblait trop désolé.

"Aucun sauvage ne fait ces feux", dit un vieux marin qui se tenait à proximité. "Là-bas, c'est la fumée de l'enfer. C'est l'Île des Démons."

La Pommeraye se moquait de cette superstition absurde et gardait les yeux fixés sur la pointe de terre lointaine avec la colonne de fumée qui semblait s'agrandir à chaque instant. Mais l'obscurité tomba bientôt sur l'océan, et les contours flous de l'île disparurent enfin de sa vue.

S'il l'avait su ! Cette fumée était un signal des observateurs fatigués de l'île, qui, dans l'un des jours les plus malheureux et les plus tristes de leur vie désolée, voyaient dans cette voile lointaine l'espoir d'être libérés de leur cruelle prison. Avec impatience, ils allumèrent un énorme feu pour attirer l'engin qui passait, sans se douter que c'était à leur recherche qu'il se précipitait sur son chemin aux ailes blanches.

En quelques jours, *L'Emerillon* était passé de la baie du Saint-Laurent dans la rivière Hochelaga. Un vent favorable l'emporta au-delà de l'embouchure profonde et noire du Saguenay, et bientôt l'île de Bacchus s'étala devant les yeux fatigués des marins, verte, belle et fraîche, avec les hautes chutes de Montmorenci bondissant sauvagement sur l'opposé. rive. Ils naviguèrent vers Charlesbourg Royal ; et une effroi horrible saisit La Pommeraye à l'approche de la place. Un silence de mort régnait sur les rives escarpées du large fleuve. Une structure substantielle se dressait désormais à l'endroit où Cartier avait installé son fort grossier, et ses deux tours se dressaient devant les yeux des Français. D'autres bâtiments étaient visibles ici et là, mais aucune âme vivante n'apparaissait en vue ; et dans le mouillage, où il avait cherché les navires des colons, on ne voyait pas même un canot. Se seraient-ils lassés de la vie ici et auraient-ils commencé à remonter le cours d'eau, vers Hochelaga peut-être ? Mais il ne fallait pas perdre de temps. Lorsque le rivage silencieux fut à un jet de pierre, l'ancre fut larguée et le navire se reposa de son long voyage. Un bateau fut mis à l'eau, et La Pommeraye descendit à terre et explora la structure en forme de château qui couronnait les hauteurs, les salles et les chambres vides, les étagères et les bacs béants des entrepôts, les caves profondes et vides, les grands fours et les deux moulins à eau silencieux, tout lui disait les espérances qui avaient rempli le cœur de Roberval. Tout avait été soigneusement retiré des lieux, et il y avait des traces évidentes d'Indiens ; mais comme il n'y avait aucune trace de lutte et aucun mort visible, Charles conclut qu'ils s'étaient simplement rendus sur place pour ramasser tout ce que les Blancs avaient eu le hasard de laisser derrière eux.

Un terrain grossier, avec plusieurs tombes nouvellement construites, lui apprit que le roi de la Mort avait visité la jeune colonie, et la haute potence de la place laissait entendre que le noble à la volonté sévère avait aidé le froid et le scorbut à diminuer la population.

Charles ne voulait pas revenir sans s'assurer que ses amis avaient quitté le Nouveau Monde, et ainsi, après une recherche infructueuse d'indigènes, qui semblaient s'être dirigés vers de meilleurs terrains de chasse, il monta à bord de son navire, leva l'ancre et ne se reposa que jusqu'à ce que ses amis aient quitté le Nouveau Monde. il était à l'ombre du mont Royal. Il y rencontra un chef, nommé Agona, qu'il avait connu autrefois et qui avait remplacé le vieux Donnacona . De lui, il apprit les souffrances et les échecs de De Roberval. Il ne pouvait rien apprendre de précis sur Claude ou Marguerite, mais comme il y avait eu d'autres nobles dans la colonie, il ne s'en étonnait pas tellement. Mais il ne faisait aucun doute qu'ils étaient tous partis. Son voyage avait été vain ; et, le cœur lourd, il se mit à parcourir encore une fois tous ces kilomètres fatigants qui l'éloignaient de la femme qu'il aimait.

CHAPITRE XII

Ayant laissé sa nièce et ses compagnons sur l'île des Démons, Roberval avait mis le cap sur Hochelaga, et vers le milieu de juin les hauteurs rocheuses de Stadacona se dressaient devant lui. Sa sévérité tyrannique pendant le voyage avait fait trembler tous ses hommes, et son moindre mot de réprimande ferait trembler le méchant le plus tenace de son navire pour son cou. Tous furent en effet heureux lorsque les ancres furent jetées au Cap Rouge, et personne plus que Roberval lui-même.

Les limites étroites du pont de son navire avaient exploité son esprit ambitieux ; et les horreurs du voyage, causées par sa propre volonté et son entêtement, se dressaient devant lui comme un cauchemar. A peine l'Île des Démons avait-elle disparu de l'horizon, que sa conscience commença à le piquer ; et il serait revenu chercher les femmes qu'il avait débarquées, mais il craignait que ses partisans ne pensent qu'il y avait en lui le lait de la bonté humaine.

Il redoutait surtout Gaillon . Il savait qu'il s'était mis dans une certaine mesure à la merci de cet homme, et ce seul fait suffisait à éveiller en lui une haine mortelle contre ce scélérat rampant qui suivait ses pas comme une ombre. Il résolut de se débarrasser de lui le plus tôt possible ; et pourtant il redoutait de prendre des mesures pour le renvoyer. Il se souvenait de la mort subite et mystérieuse du jeune marin picard ; il se souvenait aussi de la proposition de Gaillon de le débarrasser silencieusement et sûrement de tous ses ennemis. Cet homme était un empoisonneur, un démon qui travaillait dans le noir, sans âme, sans honneur . À bord du navire, Roberval se sentait plus ou moins assuré de sa sécurité ; mais, à mesure que sa destination approchait , il décida qu'une fois à terre, il fallait écarter Gaillon , sinon il ne serait pas délivré un instant de la terreur de l'assassinat.

Gaillon lui-même devinait promptement tout ce qui se passait dans la tête de Roberval. Son œil vigilant remarquait les moindres signes qui révélaient l'attitude du noble à son égard ; mais aucun changement dans ses manières et dans son attitude n'aurait pu être observé, sinon qu'il était, si possible, plus servile et obséquieux que jamais.

Les choses en étaient là lorsque les navires remontèrent l'Hochelaga et que les hauteurs imposantes de Stadacona se dressèrent devant eux, majestueuses et fortes. L'œil vif de Roberval remarqua aussitôt quel endroit magnifique ce serait pour le quartier général de sa colonie ; mais alors qu'il longeait les hautes falaises, une pluie de flèches à pointe de silex tomba sur son pont et l'avertit que les hommes rouges l'accueillaient comme un ennemi. Pour les terrifier, il envoya une bordée de ses canons contre l'immense forteresse naturelle, qui résonnait avec un bruit inhabituel, et les Indiens effrayés s'enfuirent loin à l'intérieur des terres pour échapper au tonnerre inhabituel.

A Charlesbourg Royal, les Français débarquèrent sans opposition. Des mains occupées rendirent bientôt habitables les habitations grossières que Cartier avait laissées ; depuis les premières lueurs de l'aube jusqu'au coucher du soleil derrière les collines du Saint-Laurent, les cris des hommes, le chant des scies et le cliquetis des marteaux résonnaient sur le large fleuve. Un village un peu prétentieux s'élevait sur les hauteurs ; et au centre , à la place de la structure fragile conçue par Cartier comme potence , se dressait une forte érection noire, attendant sinistrement une victime.

Il n'a pas fallu attendre longtemps. Plus Gaillon devenait dévoué et timide, plus l'inquiétude et la méfiance de Roberval à son égard augmentaient. L'anxiété et les remords avaient en réalité perturbé l'équilibre de l'esprit du noble. Il se rendait compte qu'il n'était pas lui-même, mais il était convaincu qu'il ne pourrait jamais reprendre le contrôle de lui-même, ni connaître un instant de tranquillité d'esprit, tant qu'il ne se serait pas débarrassé du vil misérable qu'il avait en quelque sorte mis dans sa confiance, et qui hantait ses heures de sommeil et d'éveil. Le hasard lui a offert une opportunité.

Même si les colons avaient emporté avec eux beaucoup de poudre et de balles, ils manquèrent de nourriture pendant une saison prolongée. Ils s'attendaient à ce que Cartier ait une récolte abondante autour de son établissement, mais ils découvrirent qu'il n'avait même pas ameubli le sol cette année-là. Ils constatèrent également que les Indiens se tenaient à l'écart et ne feraient rien pour les aider. Les quelques retardataires qu'ils pouvaient attirer par « l'eau de feu », n'avaient pas de réserves de nourriture, car ils étaient trop inertes pour cultiver le sol et ne dépendaient que du gibier et du poisson ; se régalant quand il y avait de l'abondance, et mourant de faim quand il était rare.

Roberval était un homme d'une grande clairvoyance. Il évalua soigneusement ses provisions et vit combien chacun pouvait en permettre pour lui permettre de passer les longs mois d'automne et d'hiver ; puis il envoya un ordre selon lequel quiconque prendrait plus que son allocation serait sévèrement puni. Peu de temps après que l'ordre eut été donné, on découvrit que quelqu'un était entré de nuit dans les magasins et avait pris une quantité de provisions. Une surveillance fut secrètement mise en place, et quelques nuits après, le voleur fut arrêté et s'avéra n'être autre que Gaillon .

Voyant la direction que prenaient les pensées de Roberval et que ses projets d'avancement étaient sans espoir, l'homme avait résolu d'abandonner la colonie ; et à cette fin, il avait commencé à sécréter une réserve de nourriture suffisante pour subvenir à ses besoins jusqu'à ce qu'il puisse rejoindre l'une des bandes errantes d'Indiens plus loin dans le pays. Il fut amené devant

Roberval, qui le conduisit aussitôt à la potence. Le misérable tomba à genoux, mais Roberval resta sourd aux supplications et aux injures.

"À la potence avec lui !" Il a répété. "Nous sommes bien débarrassés d'un tel méchant."

de Gaillon était bien connu et personne ne plaignait son sort. Rares étaient les hommes de la colonie qui ne respiraient pas plus librement lorsqu'ils savaient qu'il était hors de leur pouvoir de commettre d'autres méfaits ; mais ils frémirent en regardant sa forme pendante, et se demandèrent qui d'entre eux connaîtrait le même sort.

Entre-temps, De Roberval n'avait pas oublié sa promesse de revenir chercher sa nièce. Mais il avait grandement mal calculé la distance et le temps qu'il faudrait à un navire pour aller et revenir. Dans l'état actuel de la colonie , il serait totalement hors de question qu'il s'absente en personne pendant une si longue période. Il n'eut cependant aucune difficulté à trouver un ou deux jeunes nobles disposés à entreprendre l'expédition ; mais un obstacle se présenta sur lequel il n'avait pas compté. On ne trouva pas un seul homme parmi les marins disposé à retourner à l'endroit tant redouté. Les menaces, les ordres, les persuasions furent également vains ; aucune puissance sur terre n'aurait pu décider les équipages à s'aventurer près de l'endroit où ils avaient vu de leurs propres yeux les flammes de l'enfer et les démons s'empresser de réclamer leurs victimes.

Roberval n'osa pas tenter la force. Les marins valides étaient trop peu nombreux et trop précieux pour risquer d'en perdre ne serait-ce qu'un seul. Il dut renoncer et se résigner à toutes les horreurs du remords. Quoi qu'il ait pu ressentir, il le gardait pour lui, et personne n'osait ouvrir les lèvres sur ce sujet.

L'hiver s'installe et s'avère terrible pour les habitants de Charlesbourg Royal. Ils souffraient beaucoup du froid ; et leurs misères étaient grandement accrues par la rareté de la nourriture. Rares étaient ceux qui osaient sortir des murs pour chercher des provisions, car les sauvages en rôdage étaient toujours prêts à leur couper la route. Ils vivaient aussi dans la crainte constante du règne de fer de De Roberval ; et pour les moindres offenses, ils étaient amenés au poste de fouet, jetés au poste de garde, enchaînés pieds et poings, ou conduits en frissonnant à la potence. Le scorbut éclata également, et aucun Indien ne put les diriger vers l'arbre dont les vertus avaient autrefois sauvé les restes de l'équipage de Cartier. Elles tombaient comme les feuilles brunes avant les gelées de l'automne ; et les bras faibles de leurs camarades souffrants et à moitié affamés faisaient résonner les murs avec le bruit sourd de la pioche, tandis qu'ils creusaient presque quotidiennement le sol dur et gelé pour faire des tombes prêtes. Ceux de sang plus doux avaient presque tous succombé, et il ne restait plus aucun prêtre pour donner les derniers rites aux morts. Lorsque le printemps arriva, près de la moitié de la colonie avait disparu et ceux qui survécurent n'étaient plus que des squelettes vivants.

Lorsque les glaces eurent quitté le fleuve et les neiges la terre, Roberval résolut de faire un effort pour explorer les grandes mers intérieures représentées sur la carte de Cartier, et si possible de retrouver l'endroit où la pépite d'or avait été découverte. Mais il n'avait aucune idée des distances dans ce vaste continent ; et après un mois de lutte sur des rivières turbulentes et sur des étendues accidentées où le pied de l'homme blanc n'avait jamais foulé auparavant, il revint découragé à son établissement. Ici, il constata que les hommes qu'il avait laissés à sa tête profitaient de son absence pour faire de grandes festivités, et la plus folle confusion régnait dans le fort. Dégoûté et désespéré, il résolut de démanteler sa colonie et de rentrer en France, son ambition contrariée, ses espoirs brutalement brisés, et ses rêves de gloire et de renommée dans le Nouveau Monde ne s'évanouirent plus que dans des souvenirs amers et des regrets inutiles .

Tandis qu'il descendait le golfe du Saint-Laurent avec la poignée d'hommes qui lui restaient, il résolut de faire un effort de plus pour retourner à l'île des Démons et apprendre, en tout cas, ce qu'il pourrait du sort des marins. trois femmes – même s'il n'avait aucune idée de la possibilité qu'elles aient pu survivre. Mais lorsque l'équipage apprit où il allait, ils se soulevèrent en masse et se révoltèrent. Quelques-uns des passagers soutenaient Roberval dans sa détermination, mais ils furent vaincus, certains d'entre eux furent abattus ; et de Roberval, voyant sa propre vie en danger, ordonna à Jehan Alfonse, revenu à son allégeance, homme plus triste et plus sage — comme son commandant — de s'éloigner pour la France.

Ainsi, tandis que Charles longeait le nord de Terre-Neuve, de Roberval quittait l'embouchure de l'Hochelaga ; et, naviguant vers l'ouest au-delà de l'île du Cap-Breton, il poursuivit sa route régulière à travers l'océan.

A son arrivée à La Rochelle, il laissa partir les mutins sans être inquiétés, craignant que l'histoire de sa nièce ne se répande à l'étranger. À son retour au tribunal , il rapporta que les deux filles étaient mortes dans le Nouveau Monde. Les rumeurs de la vérité parcouraient le pays ; mais la cour et l'Église se taisaient, car le roi avait besoin de de Roberval. La haute estime dans laquelle il était tenu a amené tous ceux qui ont appris l'histoire à croire que s'il avait été cruel, sa cruauté ne devait être que le juste châtiment de sa culpabilité ; et à cause du nom ancien et honorable de sa maison, personne n'osait lui poser de questions.

De Roberval se jeta avec toutes ses énergies dans la nouvelle guerre qui se déroulait, et dans le fracas des armes et l'excitation de la bataille tenta de noyer la conscience cauchemardesque qui ne lui laissait de repos ni la nuit ni le jour.

Entre temps La Pommeraye était arrivé à Charlesbourg Royal avec les résultats déjà contés. Sa nature dynamique sombra dans le désespoir lorsqu'il devint convaincu que lui et le noble s'étaient croisés sur le vaste Atlantique. Il avait parcouru trois mille milles sur des mers dangereuses pour voir Marguerite, et maintenant il devait parcourir seul le même chemin fatiguant. Il dit adieu à Agona, qui aurait voulu que le beau géant reste avec lui et l'accompagne, lui et sa tribu, bien au-delà des « eaux vives », comme ils appelaient les rapides de Lachine, car il avait prévu une grande expédition de chasse dans l'intérieur des terres. mers. La Pommeraye aurait bien voulu l'accompagner, mais même s'il croyait Marguerite en sécurité en France, il ne pouvait se résoudre à rester loin de là où elle était une heure de plus qu'il ne pouvait l'aider.

Il descendit donc l'Hochelaga; et comme il voulait rapporter avec lui quelque chose pour son voyage de retour en France, il tourna le cap de son navire vers le Saguenay, dans l'intention de s'approvisionner en fourrures auprès des Indiens de cette rivière profonde et sombre. Les hauteurs rocheuses, fondées sur des étendues ondulantes de sable stérile, s'élevèrent bientôt devant lui. Tout en haut, il voyait les falaises de granit s'élever étape par étape, et il avait un fort désir de les suivre là où elles pourraient le mener ; mais Marguerite l'entraîna. Heureusement, un groupe de wigwams parsemaient les côtes autour de Tadousac , et La Pommeraye , qui avait passé un mois dans cette région, avec ces mêmes tribus, n'eut aucune peine à charger son navire, à peu de frais, d'une précieuse cargaison de fourrures. De ces Indiens aussi, il entendait des histoires sur la colonie de Roberval ; et tandis qu'ils racontaient avec leur manière grave et stoïque les souffrances endurées par les Français et le nombre d'hommes tombés sous la main de fer de Roberval, son cœur fut ému de pitié pour ses compatriotes. De Claude et de Marguerite, il ne pouvait rien apprendre. D'après les récits des Indiens, aucune femme répondant aux descriptions de Charles n'avait été avec De Roberval ; et plusieurs guerriers montagnais, qui avaient connu Claude lors de sa rencontre avec Cartier en 1535, et qui se souvenaient bien du jeune Français réservé et aux yeux noirs, déclarèrent que lui non plus n'avait pas été à la colonie.

Cette nouvelle troubla beaucoup Charles, et aussitôt que son navire fut bien chargé, mettant toutes les voiles, il reprit sa route à travers le grand océan du Nord, qui avait maintenant perdu pour lui toutes ses terreurs.

C'était en septembre que son navire atteignait Saint-Malo et, après l'avoir laissé aux mains des marchands qui avaient investi de l'argent dans l'entreprise, il se précipita chez Cartier, qui était à Paris pour affaires, et lui exposa tout ce qu'il avait vu et entendu.

Cartier se doutait bien des raisons qui avaient poussé Charles d'abord à revenir en France, puis à se précipiter si follement vers le Canada. C'était un observateur avisé qui avait tiré ses propres conclusions, mais les gardait discrètement pour lui. Il regardait maintenant son fidèle et beau jeune ami et compagnon de voyage avec une grande pitié au cœur, et se demandait comment il pourrait lui annoncer la nouvelle des rumeurs qu'il avait entendues.

"La Pommeraye ", dit-il enfin, "mon bras n'est plus aussi fort qu'autrefois, sinon je serais plus que tenté de porter un coup à un homme que nous appelions autrefois ami."

"De qui veux-tu parler ?" s'écria Charles, une vague inquiétude s'éveillant en lui à la vue du visage de Cartier.

"Je veux dire de Roberval."

"Pourquoi, qu'a-t-il fait ? Y a-t-il de mauvaises nouvelles ? Dis-le-moi tout de suite, je t'en supplie ! Qu'as-tu entendu ?"

"Je ne sais pas ce qu'il a fait. Je n'ai revu personne depuis son retour qui ait été avec lui à Charlesbourg Royal; mais le bruit court à Paris que ni Mlle de Roberval ni Claude de Pontbriand n'ont jamais atteint le Canada."

Pour la première fois, en entendant ces deux noms s'associer, un soupçon naissant de la vérité surgit dans l'esprit de La Pommeraye , pour être englouti dans la peur indéfinie et horrible suggérée par les dernières paroles de Cartier. Il se leva, avec un visage de mort, et posa la main sur le bras de Cartier.

"Dites-moi tout de suite ce que vous voulez dire !" il a dit.

"Je ne sais rien de précis. La seule chose certaine est qu'ils ne sont pas revenus avec lui. J'ai entendu des histoires folles, avec je ne sais quelle part de vérité, selon lesquelles il aurait débarqué sa nièce et son compagnon au Cap-Breton ou à Terre-Neuve. , et que De Pontbriand , qui n'a pas pu empêcher son acte ignoble, s'est jeté à la mer et a essayé de nager jusqu'au rivage, mais a coulé avant de l'avoir atteint.

Charles prêta un grand et effrayant serment. Puis il se dirigea vers la fenêtre et tourna le dos à Cartier, regardant la rue. Lorsqu'il se retourna, son visage avait vingt ans de plus.

"Où est-il?" C'est tout ce qu'il a dit.

"N'agissez pas de manière imprudente", dit doucement Cartier. " Ce n'est peut-être qu'une simple rumeur . J'ai essayé de vérifier cette histoire, mais chaque fois que je l'ai entendue, elle venait de quelqu'un qui n'était jamais sortie de France, et elle a été racontée avec tant de variantes que j'ai commencé à j'espère qu'après tout, il n'a en fait qu'un tout petit fondement. »

" Je sais que tout n'allait pas bien, " répondit Charles, " depuis que j'ai laissé les Indiens à Tadousac . Dites-moi tout de suite où est de Roberval ! Je ne néglige aucun effort jusqu'à ce que j'aie découvert la vérité. Dieu merci . je l'avais tué cette nuit-là sur le Sillon !"

"La dernière fois que j'ai entendu parler de lui, c'est qu'il était en Picardie", répondit Cartier. " Mais s'il y a du vrai dans cette histoire, vous ne l'entendrez probablement pas de sa bouche. Il a débarqué à Rochelle. Il est probable que certains membres de son équipage se trouveront dans cette ville ; et, en tout cas, vous pourrez pour retrouver certains d'entre eux et apprendre les faits avant de faire quoi que ce soit d'autre.

Le conseil était sans aucun doute sage ; on ne gagnait rien à opposer à Roberval de vagues accusations. Sans perdre un instant, La Pommeraye accourut à La Rochelle ; mais il ne trouva aucune trace de quiconque ait été avec Roberval. Les marins étaient tous repartis en mer ; et ceux des colons qui n'étaient pas déjà de nouveau en prison se dirigeaient vers le siège de la guerre. Au front étaient également partis un ou deux messieurs dont on savait qu'ils étaient revenus de cette expédition malheureuse. Aussi étrange que cela puisse paraître, Charles ne put obtenir absolument aucune information plus précise que les vagues rapports qu'il avait déjà entendus.

Il apprit que Roberval avait ramené avec lui un certain nombre de ses hommes en Picardie et qu'il y rendait de grands services au roi François. La Pommeraye avait fait assez de voyages depuis quelques semaines pour épuiser un homme de force ordinaire ; mais il semblait incapable de se fatiguer. Son cheval fut de nouveau sellé et il reprit la route familière de la Picardie. Le long voyage était enfin accompli et il arriva au château alors que les vents maussades de novembre balayaient les terres depuis la Manche. Roberval était avec une petite armée à cinq milles ; mais La Pommeraye Il reconnut dans un des domestiques, nommé Etienne Brulé, l'homme qui était sorti indemne de la fameuse rencontre avec Pamphilo de Narvaez, et qui avait toujours considéré La Pommeraye comme un être d'ordre surnaturel. Cet homme avait accompagné de Roberval dans son voyage, et, après une heure d'interrogatoire, La Pommeraye obtint enfin la vérité. Le souvenir des horreurs qu'il avait traversées, et sa terreur devant la colère de de Roberval si l'on découvrait qu'il avait raconté l'histoire de la désertion de Marguerite, semblaient avoir brouillé l'esprit du pauvre garçon, et son récit était sauvage et incohérent. . Mais il s'en tenait vaillamment à son affirmation selon laquelle il avait vu Claude atteindre le rivage.

"Les autres se sont moqués de moi", dit-il, "et certains sont allés jusqu'à dire qu'ils ont vu les démons l'entraîner vers le bas, mais je le sais mieux. Ma vue est plus forte que la leur, et je l'ai vu secouru et traîné à terre. par les femmes. Mais monsieur ne veut pas parler de ces choses au sieur de Roberval ? Il écume à la bouche si l'on prononce le nom de sa nièce ; et il me tuerait s'il apprenait que je vous avais parlé d'elle.

Charles n'écouta pas les paroles de l'homme. Devant ses yeux, il vit une grande colonne de fumée s'élever et se répandre au loin au-dessus de l'océan ; il vit son pilote saisir la barre et s'éloigner de l'endroit redouté. Alors que la vision se présentait à lui , il s'écria à haute voix dans l'amertume de son cœur : « Ô Dieu ! Tu es trop cruel, trop cruel !

CHAPITRE XIII

C'était un triste devoir que Bastienne et Marguerite durent accomplir lorsqu'elles préparèrent pour l'enterrement le pauvre corps brisé de Marie. Et tandis qu'ils travaillaient avec amour dans la cabane, Claude travaillait de son mieux à préparer un cercueil grossier avec quelques-unes des planches restées après la construction de leur habitation. Chaque coup de marteau allait au cœur des femmes, à qui cette triste calamité semblait avoir ôté le dernier rayon d'espoir.

Le soir du jour qui suivit sa mort, tout était prêt et Claude, le cœur douloureux, creusa une tombe dans le gazon plat et herbeux, juste en arrière de la falaise d'où elle était tombée. Tout terminé, il retourna à la hutte, et les trois regardèrent silencieusement leurs morts jusqu'à ce que le matin arrive sur eux. Frissonnant de corps et d'esprit, ils se préparèrent à porter sa dépouille jusqu'à leur tombeau insulaire, tandis que les oiseaux de mer sauvages, qui volaient en hurlant face à la tempête imminente, semblaient, dans leurs cœurs attristés, gémir d'impuissance humaine.

Bastienne et Marguerite prirent à eux deux la tête du cercueil, tandis que Claude portait le pied, et le triste petit cortège quitta la cabane et gravit la colline sur laquelle la tombe avait été creusée. Lentement, leur fardeau fut descendu dans la terre peu profonde ; et, tenant le crucifix au-dessus, ils offraient des prières pour le repos de l'âme qui avait été si soudainement arrachée parmi eux. Il était difficile de jeter la première pelletée de terre sur le cercueil. A mesure que chaque caillou frappait le couvercle, il leur semblait que Marie devait sentir les coups. Mais l'amère tâche était enfin terminée, la dernière pierre fut posée sur le grossier monument qui marquait le lieu de repos de Marie, et malheureusement ils se tournèrent pour quitter les lieux.

La tempête n'avait cessé de s'intensifier, et maintenant les vagues folles fouettaient et roulaient comme de puissantes montagnes en mouvement sur le rivage. Les embruns projetés au loin tombaient à torrents autour de leur cabane. Ils étaient transis jusqu'aux os et frissonnaient toute la journée devant le grand feu de bois qui brûlait dans leur immense cheminée extérieure. Finalement , la fureur du vent les poussa à l'intérieur, et tous trois restèrent blottis dans leurs couvertures, incapables de se réchauffer.

Ce n'était que le prélude à l'hiver. Mais avant que cette terrible saison ne s'installe dans toute sa férocité septentrionale, ils devaient connaître quelques jours de répit heureux. Le lendemain matin, la tempête s'était apaisée et un soleil éclatant brillait sur les longs rouleaux lisses qui balayaient toujours le rivage. Il y avait dans l'air une étrange impression d'été, et Claude, qui se souvenait de ses expériences à Québec, alors qu'il accompagnait Cartier lors de son deuxième voyage, savait que « l'été indien », le temps réservé par les hommes rouges pour faire leurs derniers préparatifs car l'hiver était sur eux. Pendant une semaine, le chaud soleil brillait à travers la brume douce, et pendant une semaine, du matin au soir, tous trois travaillèrent pour constituer une réserve abondante de bois de chauffage autour de leur hutte. C'était bien qu'ils aient ce travail pour occuper leur temps, car le tas de pierres, marquant l'endroit où gisait leur compagnon mort, pesait sur leur esprit. A la fin de la semaine, leur petite cabane était presque cachée aux regards par les gros tas de bois qu'ils avaient ramassés, et les coups de hache de Claude cessèrent.

Il n'avait pas eu tort ; ce n'était qu'un court répit. A peine avaient-ils fini leurs préparatifs qu'un vent violent et pénétrant, qui semblait séparer la chair des os, soufflait du nord. Les oiseaux avaient désormais tous disparu, à l'exception des oiseaux du nord, plus résistants. Leurs chants avaient cessé ; on n'entendait que le bruit des vagues agitées, qui entretenaient un éternel gémissement, le chant des pins et les cris sauvages des oiseaux de mer, dont les cris semblaient devenir plus mornes à l'approche de l'hiver, modulés à mesure qu'il étaient, au vent étrange du nord.

Les trois furent maintenant forcés de rester à l'intérieur de leur hutte, mais le grand feu qui brûlait à la porte ne leur donnait aucune chaleur. Il n'y avait qu'une seule voie à suivre ; un feu doit être fait à l'intérieur de la cabane. Claude redoutait depuis longtemps cette fatalité et il avait retardé ce jour funeste autant qu'il le pouvait. Il avait été dans les cabanes des Montagnais, à Tadousac , au plus profond de l'hiver, et avait vu ces sauvages grelottants, à moitié aveuglés par la fumée, accroupis autour d'un feu au centre de leur cabane, tandis que la fumée, après avoir fait le tour de leur cabane, demeure, a trouvé son chemin vers la sortie par une ouverture pratiquée dans le toit. Mais à mesure que l'hiver approchait, il ne pouvait qu'imiter les hommes rouges ; et, avec beaucoup de réticence, il entreprit de construire une cheminée à l'intérieur de leur demeure. La tâche accomplie, avec une scie et une hache il fit une ouverture au-dessus et, empilant un tas de branches sur les pierres, y mit le feu. Les flammes sinistres égayèrent un instant l'intérieur ; mais bientôt, à moitié aveuglées, les femmes se précipitèrent en plein air, étouffées, tandis que la fumée montait en volutes et que le feu chaud brillait à l'intérieur. Il n'y avait rien d'autre à faire ; ils doivent s'habituer à l'inconfort ; et, poussés par le froid, ils se pressèrent autour de l'incendie. Claude ne pouvait s'empêcher de sentir à quel point une telle vie les rendrait bientôt identiques aux hommes rouges. Leurs yeux devinrent faibles et injectés de sang ; la pauvre vieille Bastienne devint presque aveugle et ne put bientôt plus se frayer un chemin à tâtons dans la cabane.

L'hiver au Canada est désormais une saison délicieuse pour ceux qui ont les moyens de résister à ses aspects les plus féroces, de le combattre et de le vaincre. L'air vif et vivifiant, qui fait picoter le sang dans les veines et faire venir les roses aux joues, appelle l'énergie latente du Canadien ; mais aujourd'hui encore, pour les pauvres, l'hiver est une source d'effroi ; le sauvage voit encore son approche avec terreur, et les malades, privés de l'air pur du ciel, prient pour sa fuite. Dans ces premiers temps, c'était une saison redoutable de tous, même sur les rives du large Hochelaga ; mais personne ne peut concevoir, sauf ceux qui les ont vécues, les terribles horreurs d'un hiver passé loin au nord sur une île isolée de l'Atlantique. Le froid ne cessa pas, ni de jour ni de nuit ; le vent gémissait continuellement ; la mer puissante balayait ses longs rouleaux verts, brisait la glace qui formait autour des rivages et l'entassait en grands tas étincelants et grinçants sur la plage. Les animaux affamés rôdaient autour de la cabane et se disputaient les ossements qu'on leur jetait. Les lièvres avaient changé de pelage et bondissaient maintenant, blancs comme neige, sur le sol enneigé. Ils mangeaient délicatement, et l'arquebuse de Claude craquait dans les bois pendant les courtes journées d'hiver, tandis qu'il entretenait le garde-manger rempli de nourriture, un changement bienvenu après le bœuf salé qui avait été débarqué avec les femmes.

Bastienne et Marguerite trouvèrent un certain soulagement à la terrible solitude qui planait sur l'île en travaillant, quand la lumière le permettait, à leur garde-robe et à celle de Claude. Ils avaient beaucoup de vêtements pour eux, mais Claude n'avait rien d'autre que l'habit dans lequel il avait nagé jusqu'au rivage. Les deux femmes ont réussi, en démontant certains de leurs propres vêtements d'extérieur les plus résistants, à lui confectionner un costume simple. C'était effectivement rude, et Claude se sentait comme le bouffon du roi lorsqu'il l'enfilait ; mais aucun galant gai de France n'était là pour le voir, et il pouvait même sourire de la triste silhouette qu'il faisait.

Si jamais un homme a prié pour que l'hiver se termine, c'est bien lui. Il voyait que cela tuait les deux femmes, et les vives douleurs dans sa propre poitrine l'avertissaient que les vents âpres et perçants avaient fait leur œuvre et que, à moins qu'un soulagement ne vienne bientôt, il devait succomber.

Le vieux Bastienne fut celui qui souffrit le plus. L'âge commençait à se faire sentir ; et elle, qui avait été forte comme un cheval, devint maintenant faible comme une enfant. Elle trébuchait dans ses tâches quotidiennes. Pour sauver « ses enfants », comme elle appelait les deux autres, elle s'exposa au froid et à la tempête ; et bien que Claude la suppliât de ne pas faire de travaux au-dessus de ses forces, elle prenait, quand il était absent, sa hache et cassait les bûches pour le feu, ou pataugeait à travers de grandes congères jusqu'à la source qui bouillonnait, douce et fraîche. et vivre, dans ce pays d'obscurité et de mort.

Le feu dans la cabane n'a jamais pu s'éteindre ; et vers le printemps, ils étaient à peine reconnaissables , tant ils étaient devenus noirs à cause de la fumée et de la flamme féroce du feu autour duquel ils s'asseyaient pendant les longues et froides soirées, et souvent pendant des journées entières, où cinq minutes en plein air leur suffisaient. ont gelé toutes les parties exposées de leur corps.

Mais la morne monotonie de cette glace, de cette neige et de ce gel ne pouvait pas durer éternellement . Au début du mois de mars, une légère impression de printemps était perceptible dans l'air ; la mer semblait moins effrayante ; les cris des oiseaux perdaient un peu de leur dureté ; et avant la fin du mois , ils furent réveillés par un joyeux « Pip, pip, pop ! répétés souvent et vigoureusement du haut de leur cabane. Ils connaissaient le cri. C'était le premier merle. Le printemps était enfin arrivé. Ils se dirigèrent vers la porte, s'attendant presque à voir le sol nu et à entendre le bruissement des feuilles. Mais un bon pied de neige ensevelit toute l'île sous ses pieds ; et un froid hivernal régnait encore dans l'air, malgré le sifflement du rouge-gorge et le chaud soleil.

Le rouge-gorge était un vieil ami. Il avait été le dernier oiseau à partir à l'automne et, quand il les avait vus, il s'était envolé d'un air impertinent vers son lieu d'alimentation habituel, attendant son repas du matin. Il n'a pas non plus été déçu. Jour après jour, ils ravissaient son cœur avec des miettes finement écrasées du biscuit dur que De Roberval avait débarqué avec eux. Bien qu'il soit arrivé tôt, le printemps semblait encore loin. Aucun autre oiseau n'est revenu depuis plusieurs semaines, pas même la compagne de ce précurseur à poitrine rousse de l'été. Peut-être avait-elle été perdue lors du voyage orageux depuis le continent ; ou peut-être avait-il simplement été envoyé comme sentinelle pour espionner le pays et voir s'il était digne de ses résidents d'été.

April passa lentement et, vers la fin, quelques moineaux à la voix plaintive ajoutèrent leurs chants aux notes vigoureuses et sûres d'elles du rouge-gorge. Bientôt, un matin, toute l'île se mit à chanter, et le printemps était bel et bien avec eux. La neige avait disparu, sauf dans les creux et les endroits ombragés, et les herbes commençaient à prendre çà et là ce vert frais et vivant qui réjouissait les cœurs.

Mais le printemps devait leur apporter une petite joie. Le fidèle vieux Bastienne s'affaiblissait de jour en jour. Claude et Marguerite furent pris de pitié en la voyant assise, impuissante et abattue, sur le siège grossier près du foyer extérieur. Elle pouvait à peine marcher, et la toux creuse et suffocante, qui sonnait comme un glas à leurs oreilles, leur disait qu'elle n'avait plus longtemps à vivre. Ils redoutaient de la voir dépérir et mourir sous leurs yeux, alors qu'ils étaient impuissants à l'aider.

Mais les dieux se montrèrent plus gentils envers eux qu'ils ne l'avaient imaginé. Revenant un jour du début de mai d'une longue promenade à travers les bois, où ils avaient cueilli une profusion de fleurs sauvages, Claude et

Marguerite trouvèrent la vieille servante étendue sans vie sur la pente devant la porte de la cabane. Elle était tombée en avant de son siège habituel près du feu et était complètement morte. Il n'y avait aucune trace de souffrance sur ses traits ; sa fin avait apparemment été aussi paisible que soudaine, et son esprit était sans aucun doute retourné vers les pentes ensoleillées de la Somme, les vastes champs et les vergers fleuris de sa bien-aimée Picardie.

On déposa son corps à côté de celui de Marie, et le vieux paysan fidèle et la fille d'un noble dormirent côte à côte, égaux devant la mort.

La tâche accomplie, les deux qui restaient erraient main dans la main en silence autour de leur île solitaire, tandis que de tous côtés les oiseaux chantaient joyeusement et que toute la nature se réjouissait de la beauté de la source, sans se soucier de la présence de la mort.

Alors que Claude regardait avec envie les larges eaux vertes, il remarqua au loin un petit point qui, au premier abord, ressemblait à la pointe d'un iceberg. Il se rapprocha, jusqu'à ce qu'il devienne précis, et il aperçut, se dessinant clairement sur le ciel, un navire toutes voiles dehors, se dirigeant vers le détroit de Belle-Isle. C'était le premier navire qu'ils voyaient, et ils se précipitèrent vers leur feu et l'entassèrent haut avec des charges de branches sèches jusqu'à ce que les flammes jaillissent dans l'air et que la fumée s'enroule vers le haut en une puissante colonne, puis se répande sur l'océan. Ils espéraient voir le navire changer de cap et s'abattre sur leur île. Mais leurs espoirs furent vains. Elle continuait son chemin et, avant la tombée de la nuit , elle avait disparu de leur vue à l'horizon.

Sur la poupe haute du navire, La Pommeraye marchait d'un pas rapide et nerveux. La terre était enfin en vue ; il serait bientôt dans le Saint-Laurent et avec Marguerite. Alors il pensait ; tandis qu'ils priaient pour que le vaisseau inconnu s'approche un peu plus afin qu'ils puissent le héler.

Au moment où le navire s'éloignait, Claude, dans son désespoir, invoqua Dieu pour qu'il maudisse le tyran qui leur avait causé ces souffrances ; et, tandis qu'il priait au loin à Charlesbourg Royal, Roberval, la veille du départ, fit déshabiller jusqu'à la ceinture six de ses hommes, les aligner sur la place et les fouetter jusqu'à ce que le sang leur coule dans le dos. Le lendemain matin, ses navires partaient pour le Vieux Monde, ses espoirs brisés et son cœur plus sauvage que jamais.

CHAPITRE XIV

Après la terrible déception qu'éprouvèrent Claude et Marguerite lorsqu'ils virent le navire de leurs espoirs couler hors de vue, ils ne purent que se tourner l'un vers l'autre pour un réconfort silencieux. Sans savoir où ils allaient, leurs pieds les conduisirent au sommet de la haute falaise d'où Marie était tombée. Tremblant au bord du vertige, chacun semblait lire ce qu'il y avait dans l'esprit de l'autre. Un bond, une obscurité soudaine et tout finirait. Le monde d'après, qu'en est-il ? Existe-t-il un autre monde aussi cruel que celui-ci ?

"Viens!" s'exclamèrent-ils ensemble en se serrant la main. "Viens ! Pas encore !" Et par ces mots, chacun savait que l'autre comprenait que la mort, celle qu'ils avaient un instant courtisée, était tout ce qu'ils pouvaient espérer. Le navire qui était passé n'était qu'un navire fortuit ; les pêcheurs ne sont jamais venus aussi loin au nord. Leurs provisions commençaient à s'épuiser ; et le climat rigoureux qui avait tué le pauvre vieux Bastienne devait, avec le temps, saper leurs jeunes forces. Claude en ressentait d'autant plus vivement l'influence. Ses blessures l'avaient rendu moins robuste qu'autrefois, et les durs traitements qu'il avait reçus de la part de de Roberval avaient contribué à briser sa constitution de fer. Sa joue, autrefois rougeâtre de santé, était devenue maigre et pâle ; ses membres étaient rétrécis et ses mains, autrefois si fortes et nerveuses, étaient devenues froides et sans nerfs. Quand Marguerite y reposait les siennes, elle ne pouvait s'empêcher de sentir que pour lui la mort n'était pas très loin ; mais elle n'osait pas parler. Elle voyait qu'il ne s'en rendait pas compte , et son regard était toujours rempli de pitié pour sa souffrance.

Avec elle, il en était autrement. Sa volonté l'ennuiera noblement. Au lieu de perdre de la force, elle est devenue plus robuste. Son pas devint aussi léger et nerveux que celui du renard aux pieds légers qui se déplaçait silencieusement autour de l'île. Ses bras, qui ne s'étaient jamais efforcés que de tendre un arc pour le sport, pouvaient désormais manier la hache avec autant d'habileté que ceux de Claude. Elle n'avait rien perdu de sa beauté, mais dans ses vêtements grossiers, brunis par le soleil, le vent et la mer, elle semblait aux yeux de Claude plus reine que jamais. Cette nuit-là, alors qu'elle s'appuyait sur le bras de Claude, chacun sentait que la force d'endurer devait venir d'elle, sans toutefois permettre à cette pensée de se transformer en mots.

Lorsqu'ils atteignirent leur cabane, la terrible solitude, le vide laissé par la mort de leur vieux compagnon dévoué, les pesa tellement qu'ils recherchèrent la plage, où les longues vagues roulaient et se brisaient à leurs pieds, gardant le temps, en leur course et leur retraite mélancoliques, avec la vague toujours récurrente de chagrin dans leurs jeunes cœurs.

" Marguerite, dit Claude en la serrant tendrement contre lui, c'est plus que je ne peux supporter. Vous ne m'en voulez pas, mais je sais que c'est moi qui suis coupable. J'ai connu votre oncle et je n'aurais jamais dû me permettre de le faire. " vous amène à ceci.

"Chut, chérie, tu es fou de parler ainsi ! Aucun de nous n'est à blâmer. Personne n'aurait pu prédire jusqu'où la volonté obstinée de mon oncle le pousserait. Mais, la mienne, même en ce moment, chacun de nous peut disons que nous avons connu le bonheur. Je l'aurais eu autrement; mais si j'avais dû revivre ma vie, je n'aurais pu agir que comme je l'ai fait.

"Chérie, je le sais. Mais je ne peux pas oublier que Bastienne et Marie me doivent leur mort."

"Tu es sombre ce soir, mon amour ! Ni l'une ni l'autre n'est morte avec un mot de plainte sur les lèvres. Ce n'est pas toi, ni mon oncle, qui les as coupés, mais le destin. Bien-aimée, le vent de la nuit te coupe vivement", ajouta-t-elle, alors que Claude cédait à une soudaine quinte de toux. "Revenons à la maison."

"Je redoute la solitude", a déclaré Claude. " Ah ! Marguerite, je suis faible ce soir, indigne ce soir ! Je sentais à chaque pas que je faisais vers la plage que les esprits de ces deux femmes assassinées marchaient à mes côtés, et pourtant je ne les accueillais pas. Je tremblais. "

"Tu es en effet faible, mon amour. Mais sois fort. Nous avons encore un dur combat à mener. Nous ne devons pas céder avant d'avoir vu la France."

"Voyez la France ! Je ne la verrai jamais ! Il est dur, quand la vie s'annonce si belle, de devoir la quitter loin du camp et de la cour. J'avais espéré encore me faire un nom ; pas pour moi-même, mais que vous, ma reine, soyez la femme la plus fière de France.

"Je suis la femme la plus fière du monde", a-t-elle déclaré. "Cette année d'épreuve a prouvé que mon amour était roi. Je t'ai vu travailler et souffrir pour nous dans un silence sans plainte, et les mots d'espoir qui étaient toujours sur tes lèvres disaient à quel point tu te battais noblement. Ô Claude, j'ai besoin de toi ! J'ai besoin de toi ! J'ai plus que jamais besoin de vous ! Nous devons chacun aider l'autre !" Elle s'accrochait en tremblant au bras de son amant.

Claude se prépara.

"Je ne dois pas laisser mon esprit sombre rendre mon amour aussi lourd que le sien. C'est passé, chérie, je me sens de nouveau fort, et demain je serai prêt à livrer une nouvelle bataille."

En revenant dans l'obscurité, Claude trébucha et serait tombé si le bras de Marguerite ne l'avait retenu.

"Comme tu es devenue forte, ma chérie !" dit-il tendrement. " Si j'avais une épée à terre, je vous apprendrais à la manier ; et en vérité, je pense, quand nous rentrerons chez nous, une autre Jeanne d'Arc serait prête à diriger les armées de France. "

"C'est bon de voir le vieil esprit revenir. Nous rentrerons effectivement à la maison ; et il me suffira de savoir que mon héros est le premier sur le terrain, avec mon gant porté honorablement au cœur du combat."

Mais même si elle parlait ainsi joyeusement, son cœur était lourd en elle ; et quand, la nuit, elle se réveillait en entendant Claude tousser comme il le faisait sur la plage, elle savait que la fin devait être proche. Au matin, un plus grand chagrin l'attendait. Elle le trouva faible, épuisé et fiévreux, après avoir passé une nuit blanche. Lorsqu'il essaya d'allumer le feu, qui s'était éteint pendant la nuit, alors qu'il posait une lourde bûche sur les branches sèches, il tomba la face contre terre, et eût été brûlé par le feu qu'il venait d'allumer, si Marguerite n'avait pas réussi à le faire. , s'élançant à ses côtés, le porta corporellement jusqu'à la cabane. En le couchant, elle vit que son bras était teint de sang.

La fin serait-elle déjà venue ? Il saignait à la bouche et elle savait que ses poumons étaient touchés. Elle avait peu d'expérience ou de connaissances sur les maladies, quelles qu'elles soient, et au début elle crut qu'il était mort. Mais elle fit courageusement ce qu'elle pouvait pour le restaurer, et fut bientôt récompensée en voyant les yeux langoureux s'ouvrir sur un regard à moitié rêveur. Les minutes lui parurent des heures avant qu'il ne montre de nouveaux signes de reprise de conscience, et ce fut pour elle comme la voix de Dieu lorsque ses lèvres s'entrouvrirent et qu'il murmura son nom. Sa main serrait la sienne avec tendresse, amour et désespoir. Il avait eu un aperçu de la mort, et, en se réveillant de son évanouissement, sa première pensée fut aux horreurs qu'elle endurerait jusqu'à ce qu'elle le suive. Ses forces revinrent lentement et, à midi, il était capable de s'asseoir confortablement contre la porte de la cabane, à travers laquelle le soleil chaud coulait à flots.

"Comme il fait froid", dit-il soudain avec un frisson.

"Laisse-moi envelopper cette couverture autour de toi, ma chérie. Tu es encore faible, mais un peu de repos te rendra fort."

"Vos paroles chasseraient tout souffle froid", dit-il tendrement, alors qu'elle arrangeait la couverture autour de lui. "Mais il est sûrement étrange, avec ce chaud soleil qui descend, que le vent doux ait si tôt refroidi l'air. Il y a un instant , il faisait aussi chaud que les brises d'été de France. Mais que signifient ces cris ?"

"Je n'entends rien", dit Marguerite, le cœur serré, convaincue que l'attaque de Claude l'avait laissé délirer.

Mais soudain, elle aussi leva sa main chaude au vent. Il faisait en effet plus froid, même si l'océan agité semblait arborer un sourire plus calme qu'au petit matin. Son oreille aussi capta un son inhabituel ; c'était le cri d'innombrables oiseaux marins ; et à mesure qu'ils s'approchaient, le grand battement de leurs ailes résonnait dans toute l'île. Que pourrait signifier leur étrange apparence ? Tandis qu'elle l'interrogeait ainsi, une toux soudaine lui apprit que le souffle aigu qui les avait balayés avait affaibli Claude. Elle s'approcha de lui, l'attira à l'intérieur des portes et l'enveloppa chaleureusement dans les couvertures les plus épaisses qu'ils possédaient ; puis elle s'assit anxieusement à ses côtés. Le vent devint plus froid et les cris des oiseaux plus forts. Tous deux craignaient quelque terrible calamité, ils ne savaient quoi. Enfin , un grondement sourd se fit entendre, puis un rugissement, un beuglement, un grincement, un fracas et la chute soudaine d'un puissant fardeau, comme si un sommet de montagne s'était renversé sur leur île, qui trembla et vibra comme avec un tremblement de terre.

Les deux se tenaient la main et attendaient.

"Est-ce que ça pourrait être un bateau ?" s'écria tout à coup Marguerite.

"Que Dieu vienne en aide au navire qui a frappé avec un crash si effrayant ! Mais écoutez !"

Le bruit grinçant et fracassant continuait de résonner à travers l'île, tandis que le chaud soleil brillait avec éclat sur les deux habitants terrifiés de la cabane ; les animaux recroquevillés se faufilaient en tremblant vers leurs terriers ; et les oiseaux craintifs plongeaient dans la mer ou tournaient au loin au-dessus des eaux paisibles.

Marguerite, voyant que la destruction soudaine ne les avait pas frappés, se ressaisit et sortit pour découvrir la cause de ce vacarme surnaturel. Alors qu'elle tournait son regard vers le côté nord de l'île, elle fut presque aveuglée par l'éclat resplendissant. Un immense iceberg, s'étendant au large, s'appuyait contre les hautes falaises dont la base se trouvait à cent brasses sous terre. Une myriade d'oiseaux tournaient au-dessus et survolaient l'île, s'émerveillant des étendues vertes et des arbres étendus, et de l'être étrange qui se tenait seul au milieu de tout cela.

L'berg ressemblait à une série de sommets montagneux qui scintillaient au soleil. Sa base verte, mangée et usée par les mers, étincelait comme l'émeraude, et ses innombrables grottes et grottes, donnant une variété de lumière et d'ombre, en faisaient un véritable royaume féerique. La base, usée par de nombreux creux, entretenait un rugissement continu alors que la mer balayait autour d'elle, et les fragments qui s'écrasaient, qui tombaient de temps en temps avec un clapotis sonore et retentissant, ajoutaient au vacarme. Sur la falaise s'entassait une énorme masse qui était tombée en trombe lorsque l'iceberg avait heurté le rivage.

— Tout va bien, Claude, s'écria Marguerite. "Ce n'est qu'un iceberg qui est venu nous rendre visite dans notre solitude. Et quelle troupe de compagnons il nous a apporté ! L'air est épais d'amis à plumes ! Dépêchez-vous et devenez fort, mon cher", ajouta-t-elle en reprenant - entra dans la cabane, "et demain vous pourrez sortir et la contempler. Un spectacle plus beau que je n'ai jamais vu. Odin et Thor n'auraient pas pu avoir un palais plus grand."

"Doux, c'est comme toi de transformer notre terreur en plaisanterie", dit Claude en lui souriant tendrement. "Mais écoute!" et pendant qu'il parlait, un grognement sourd et sauvage parvint à leurs oreilles.

"Donnez-moi l' arquebuse , vite !" s'écria Claude en tendant la main vers l'arme.

Mais Marguerite s'en était déjà emparée. Elle avait appris à viser et à tirer aussi bien que n'importe quel homme, et elle se tenait debout, le pistolet fermement tenu dans ses jeunes bras forts, et montrait la porte. Pendant un moment haletant – qui leur parut un an – ils attendirent. Le grognement se rapprocha, et un bruissement rapide de pieds maladroits leur annonça qu'un animal lourd approchait. L'instant suivant, l'objet de leur crainte apparut.

C'était un animal tel qu'ils n'en avaient jamais vu auparavant, ni entendu parler. Une ourse mesurant six pieds de long, maigre et féroce. Il rôdait sans doute dans son habitat groenlandais à la recherche de nourriture, lorsqu'il se retrouva, ainsi que le petit qui le suivait, à la dérive sur ce vaste iceberg. Les oiseaux, les seuls autres occupants de son habitation, ont pu lui échapper et il a donc passé des semaines affamées au cours de son lent voyage vers le sud. A peine l'berg était-il en vue de l'île que la brute affamée, suivie de son petit, s'élança dans l'océan et nagea vers le rivage. Alors qu'il rôdait à la recherche de phoques ou de poissons, il avait aperçu Marguerite. Il sentait la nourriture et, avec un grognement féroce, il se dirigeait vers elle à la vitesse d'un cheval au galop.

Alors qu'elle le regardait maintenant, son cœur ne broncha jamais. Elle attendit calmement jusqu'à ce qu'il soit à une certaine distance.

C'était une belle créature, avec un manteau d'un blanc argenté teinté de jaune. À mesure qu'il s'approchait, son cou long et fort, sa tête aplatie et allongée, ses petites oreilles et sa bouche lui donnaient un aspect cruel, tandis que sa langue, pendante, semblait laper par anticipation le sang de ses victimes. A vingt mètres seulement, l'arquebuse de Marguerite fut levée et, avec un courage inébranlable, elle tira sur la brute qui avançait. La balle l'atteignit, et avec un grognement il lui saisit la poitrine avec ses dents, comme pour essayer d'arracher ce qui l'avait frappé. L'instant d'après, il était à la porte, et sa forme énorme cachait la lumière, alors qu'il était sur le point de fondre sur sa proie. Mais Claude s'était emparé d'une seconde arquebuse et, lorsque l'ours était à deux mètres, avait tiré à bout portant dans sa poitrine velue. La balle lui pénétra le cœur et tomba morte à leurs pieds. Le petit, qui l'avait suivi de près, se jeta avec un cri pitoyable sur le corps de sa mère, et voyant le sang chaud couler à flots, il se mit à le laper avec sa langue avide.

"Bravement fait, ma reine!" dit Claude, tandis que l'ours tombait mort dans la cabane. " J'aurais aimé que La Pommeraye ait vu votre courage ! Quel buzz cette aventure ferait à Paris ! "

"Ô Claude, c'est horrible ! Voir cette malheureuse petite créature boire la vie de sa mère ! Mon Dieu, pourquoi la vie est-elle créée pour être détruite ?"

Tandis qu'elle prononçait la prière qui a été exprimée des myriades de fois par une myriade de cœurs, elle se tourna avec une main compatissante vers le petit orphelin, mais à son contact, la petite créature terrifiée s'éloigna d'un pas disgracieux et se faufila parmi les rochers du bord. plage.

L'ours mort gisait presque aux pieds de Claude, spectacle épouvantable, et Marguerite sentit qu'il fallait l'emmener hors de la cabane. Elle saisit ses énormes pattes velues, aux griffes noires et recourbées, et tenta de l'entraîner jusqu'à la porte. Mais, aussi maigre et affamé soit-il, il était trop lourd pour ses forces et résistait à tous ses efforts. Claude n'était pas en état de l'assister, et elle était obligée de se déplacer toute la journée pour le soigner, avec l'ombre de la mort en sa présence.

La nuit vint, et l'ours restait étendu, froid et raide, dans l'embrasure de la porte. Une fois de plus, elle lutta avec cela, mais encore une fois, ses efforts furent vains et il n'y avait rien d'autre à faire que de le laisser là toute la nuit. Mais devant son horrible présence, elle ne pouvait pas dormir ; et elle resta éveillée, écoutant le fracas et le rugissement de l'berg, tandis que les vagues s'élevaient autour de lui, et entendant à côté d'elle la respiration tranquille de Claude. Fatigué par la maladie et par l'agitation de la journée, il dormait comme un enfant fatigué. Plusieurs fois, alors qu'elle regardait l'obscurité, elle aperçut une forme blanche se déplaçant furtivement d'avant en arrière. Elle savait que c'était le petit ourson et son cœur était ému de pitié pour sa solitude. Elle entendit ses pas se rapprocher de plus en plus de l'endroit où elle se trouvait, et enfin elle le vit debout devant la porte. Elle ne bougeait pas d'un muscle, de peur de l'alarmer ou de déranger Claude ; mais lorsqu'elle l'entendit se jeter contre sa mère avec un gémissement presque humain, elle aurait pu se relever et le caresser. Toute la nuit, il resta là, se demandant sans doute pourquoi ce sein autrefois chaud était maintenant aussi froid que la maison glaciale qu'il avait quittée.

Quand le matin parut, Marguerite fit un mouvement pour se lever, et le petit, terrorisé, bondit, descendit lourdement jusqu'à la plage et plongea dans l'eau.

"Pauvre bête !" dit-elle, "nous devons essayer de gagner sa confiance. Cela dissipera quelque chose de notre propre solitude."

Elle quitta la cabane pour attiser les braises du feu et réfléchit à la façon dont elle pourrait attirer le petit ours vers elle. Mais il ne voulait pas s'approcher d'elle et, à son approche, il plongeait dans l'océan ou se dissimulait derrière les rochers.

Le doux sommeil de la nuit avait fait des merveilles pour Claude. Le matin, lorsque le crépitement du feu lui apprit que Marguerite était debout devant lui, il se leva et, à sa grande surprise, trouva ses membres forts et son cerveau clair. Il regarda l'ours mort, et tout ce qui s'était passé lui revint. Il enjamba sa forme décharnée et se plaça devant Marguerite.

"Oh, méchant garçon!" s'exclama-t-elle en le voyant. "Pour vous lever sans ma permission ! Vous vous suiciderez."

"Mon chéri, je suis à nouveau fort ! Je ne me suis jamais senti aussi bien de ma vie."

"Tu dois m'obéir, chérie," dit-elle fermement. "Tu es vraiment faible, et si tu surcharges tes forces, pense à ce que je deviendrai ! Pour me faire plaisir, retourne te reposer jusqu'à ce que j'aie préparé ton petit déjeuner, et alors, si tu te sens encore fort, nous penserons à te laisser." rester debout."

Tout en parlant, elle posa amoureusement sa main dans la sienne et le ramena comme une mère le ferait avec son enfant. Il ne désobéirait pas ; et quand il fut de nouveau enveloppé dans ses couvertures, elle l'embrassa sur les lèvres et les yeux, lui dit en riant d'être gentil, et se mit à son travail le cœur plus léger, sentant qu'il était en effet plus fort et espérant que le temps chaud de l'été le rendrait en parfaite santé.

À midi, il était presque redevenu lui-même, et même la persuasion de Marguerite ne parvenait pas à le retenir à l'intérieur. Ses forces n'étaient pas encore complètement revenues, mais il put, en se reposant fréquemment et en s'appuyant sur son bras, se rendre dans la partie centrale de l'île et avoir une bonne vue sur le magnifique iceberg.

Alors qu'ils le regardaient, le grincement cessa. Un vent chaud du sud s'était levé, et la grande masse, reprenant son souffle, glissa du rivage et commença presque imperceptiblement à s'éloigner. Ils l'observèrent avec un sentiment proche de la tristesse, alors que l'eau bleue s'élargissait entre elle et leur île.

Cela avait été de quoi briser la monotonie de leur existence ; et même son grand rugissement était un soulagement de la morne uniformité de leurs jours. Pendant des heures, ils restèrent assis là, à le regarder avancer lentement vers le nord ; ils n'en quittèrent pas les yeux jusqu'à ce que ce ne soit plus qu'un faible banc de brouillard brumeux sur l'horizon bleu.

Ils n'étaient pas seuls. En dessous d'eux, sur le rivage, le petit était accroupi, regardant sa maison du nord s'éloigner lentement ; Une fois, il fit semblant de plonger dans les vagues et de le suivre, mais, semblant changer d'avis, il s'arrêta au bord de l'eau.

Quand Claude et Marguerite regagnèrent leur cabane, ils mobilisèrent leurs forces et réussirent à traîner à l'air libre la forme lourde de l'ours. Claude avait observé les Indiens écorcher des bêtes sauvages avec de meilleurs instruments que leurs grossiers couteaux en silex, et avait appris le procédé par lequel ils guérissaient les peaux. Le lendemain, il se mit au travail pour enlever la forte peau blanche. Cela lui prenait toute la journée, mais la nuit, lui et Marguerite avaient la satisfaction de le voir s'étendre sécher sur le toit de leur cabane. Toute la nuit, ils entendirent les cris pitoyables du jeune ours qui rôdait impuissant. Leur propre souffrance les rendit sympathiques, et le lendemain, tous deux firent tous deux tous leurs efforts pour la leur faire comprendre.

Enfin , la peau d'ours fut étendue, large, blanche et douce, sur leur sol. À leur grande joie, ils découvrirent que leur nouveau camarade s'infiltrait la nuit et se reposait sur le tapis moelleux, s'éloignant tôt le matin, juste au moment où le premier rouge-gorge annonçait que le jour commençait à se lever.

Peu à peu, il s'habitua à eux et, au bout d'un mois, il leur prenait de la nourriture dans les mains, sans toutefois leur permettre d'y toucher. Mais avant que l'été ne soit passé et que les feuilles de septembre ne commencent à tourner, il s'accroupissait aux pieds de Marguerite et posait son museau sur ses genoux pendant qu'elle le caressait et le caressait.

Tout au long de l'été, Claude est devenu de plus en plus fort. Les dieux étaient bons avec lui, car un temps approchait où toute la force de son homme serait nécessaire.

CHAPITRE XV

Lorsque Roberval revint à son château et que les grandes portes de fer se retirèrent pour l'admettre, il fut étonné de voir, debout dans la cour, la forme robuste de La Pommeraye . Il savait que le jeune homme était parti pour le Canada et il avait espéré que le Nouveau Monde, qui avait englouti tant de valeureux Français, lui trouverait une tombe. Pendant un instant, il ne trouva pas de mots pour s'adresser à son ennemi, car c'est ainsi qu'il comprit à son air de défi que La Pommeraye était venue. Mais la vieille confiance en soi dominatrice revint aussitôt.

"Pourquoi traîne un fils de France sur les chemins de la paix quand l'ennemi, qui nous presse, réclame toutes les épées du royaume ?" il s'est excalmé.

"Mon épée n'a jamais été retrouvée dans le fourreau lorsque le roi en avait besoin", répondit Charles, et il ajouta d'un ton menaçant, "ni on ne la laissera jamais rouiller lorsque les faibles appellent à l'aide, ou s'ils sont au-delà de toute aide. , pour me venger."

Roberval pâlit. Il voyait que La Pommeraye avait d'une manière ou d'une autre pris conscience du traitement infâme qu'il avait réservé à sa nièce et à De Pontbriand . Il savait aussi que le jeune lion était réveillé et qu'un faux pas de sa part lui coûterait la vie. Il changea soudain de tactique.

"Pardonnez un vieux soldat, M. de la Pommeraye ," dit-il, "mais je viens d'un champ chaud où quelques épées comme la vôtre auraient renversé le cours de la bataille en notre faveur . J'ai oublié pour le moment que vous devez être arrivé récemment du Nouveau Monde, où le roi François m'a dit qu'il vous avait envoyé pour me rappeler. Avec une innocence feinte, il ajouta : « Je suis fatigué du combat et de la longue chevauchée dans la boue ; mais quand j'aurai eu une nuit de repos , j'ai beaucoup à vous dire et je vous attendrai dans mon appartement le matin. Peut-être pourriez-vous être persuadé de m'accompagner au camp."

"Jamais ! Je ne sers aucun tyran !" » dit franchement Charles. "Mon épée a d'autres tâches devant elle."

" Vous êtes audacieux, M. de la Pommeraye , de vous tenir seul dans ma cour et de me tenir un tel langage. Avez-vous amené des gens avec vous ? "

"Non. Je suis venu seul. Je n'avais aucune envie que d'autres connaissent la cause de mon voyage en Picardie."

" C'est bien, " dit de Roberval, et il murmura à lui-même : " Et personne ne vous verra partir d'ici. M. de la Pommeraye , " dit-il à haute voix, " n'est pas sage de croire à tous les contes de vieilles femmes qu'il raconte. " a entendu. Mais ces choses ne sont pas pour les oreilles du monde. Demain, nous nous reverrons, et, après notre conférence, je suis sûr que nous partirons d'ici ensemble. Etienne pourvoira à vos besoins. La tour nord, Etienne ; c'est l'ancienne chambre de Monsieur."

Tout en parlant, il sauta de son cheval et entra dans le château. Lorsqu'il fut seul dans sa chambre, il tomba sur un canapé et gémit spirituellement. Son péché était de le découvrir. Sa belle et jeune nièce se leva devant lui, et il sembla entendre sa voix lorsqu'elle lui faisait ses adieux. La vision ne baisserait pas. Enfin il se leva et, vidant une coupe de vin, parcourut la pièce à grands pas, marmonnant des propos de défi à ses ennemis. « Je n'étais qu'un serviteur de Dieu punissant le vice, se dit-il, et cet insensé qui ose me barber dans ma forteresse sentira le poids de ma main. Il mourra et les tourments que son existence m'inflige cesseront. Nous " J'irai d'ici ensemble, certes, mais il sera emporté. Je ne laisserais même pas son corps rester dans les murs de mon château. "

Il savait qu'il ne pourrait pas tuer La Pommeraye lui-même, mais le vieil honneur de cet homme était tellement sapé qu'il n'eut aucun scrupule à décider de le faire assassiner sous son propre toit. Il savait que sa propre vie n'était pas en sécurité un moment pendant que vivait La Pommeraye ; et il savait, en outre, que si la vérité se répandait, ses espoirs d'avancement et d'honneur seraient anéantis. Il n'y avait aucune aide pour cela ; il était allé trop loin pour battre en retraite. Charles ne doit pas être autorisé à quitter le château vivant.

En Etienne, De Roberval pensait avoir un allié fidèle. À deux reprises, le garçon l'avait aidé à écarter des ennemis que son rang ne lui permettait pas de rencontrer, et pourtant qu'il ne pouvait pas envoyer à la potence. Mais il avait cette fois compté sans son hôte. Etienne était un fidèle acolyte de la maison de Roberval, et il avait aidé son maître lorsqu'il croyait que l' honneur de la famille était en jeu ; mais depuis que les brumes obscures de l'Île des Démons s'étaient effacées de sa vue, il avait eu peine à empêcher ses jeunes et fortes mains de saisir son maître à la gorge et de l'étouffer. S'il honorait le nom qu'il servait, il adorait la mémoire de Marguerite ; et maintenant que La Pommeraye était venue, comme il le comprenait, la venger, il était prêt à tomber à ses pieds, à le suivre jusqu'au bout du monde, jusqu'à l'île des Démons, s'il le fallait.

Roberval ne devinait rien de tout cela. Le lourd visage du paysan, les yeux ternes, cachaient bien les rouages de l'âme de l'homme lorsque le noble l'appelait en sa présence et lui laissait entendre qu'il aurait besoin de son épée le lendemain. Etienne devina tout de suite son dessein, et, lorsque le plan fut révélé, il aurait bien voulu transpercer le cœur de son maître, mais son visage et ses yeux avaient un manque d'intelligence de bœuf.

"Etes-vous prêt à risquer votre vie dans cette entreprise ?" dit le noble. "C'est pour l' honneur de la maison de Roberval."

— Je suis à votre service, Sieur, dit doucement Etienne.

"Vous avez vu cet homme aujourd'hui et vous connaissez sa force ?"

Etienne s'inclina.

"Vous devez amener avec vous trois hommes audacieux. Trois des soldats qui m'ont accompagné ici aujourd'hui feront l'affaire. Vous pouvez les instruire. Guidez-les à travers l'armurerie et par ce passage jusqu'à cette pièce. Le rideau vous cachera. Faites pas de bruit ; c'est un ennemi prudent. Quand je tire mon épée sur lui, frappe-le avant qu'il ne puisse se retourner. Ne lui laisse aucune chance ; ce n'est pas un homme avec qui on se moque.

De nouveau, Etienne signifia un assentiment ferme.

"Partez maintenant, et ne laissez pas vos camarades connaître mon signal. Un faux pas leur coûtera la vie aux mains de La Pommeraye . Et ne laissez pas un mot vous échapper, ou je vous enchaînerai tous les quatre à l'arbre le plus proche. Alors, partez. ! et veillez à ce que vous soyez ponctuel. Que le bon travail soit bien fait."

Le stoïque Picard s'éloigna de son maître, mais murmura tout bas, en traversant le long couloir qui menait à la place : « Cela sera dur, mais je veillerai à ce que le bon travail soit bien fait.

Charles de la Pommeraye était assez épuisé par la quantité de voyages qu'il avait fait, et il fut heureux quand Etienne le quitta et qu'il put se jeter sur son canapé pour dormir. Mais l'air semblait oppressant. Il sentit qu'il y avait là une trahison, et, se levant, il verrouilla et barra la porte de sa chambre, et plaça sa fidèle épée à la portée de sa main. Pourtant , il ne pouvait pas se reposer et se tournait, voyant à la fois le visage dur de De Roberval devant lui et les contours accidentés de l'île aride du nord avec la fumée invitante qui s'élevait vers le haut.

Minuit arriva; et quand tout fut tranquille, sauf le tintement, le cliquetis du pas de la sentinelle qui allait et venait sur le mur, La Pommeraye se souleva sur son coude et écouta. Un rat semblait ronger le mur. "De la nourriture dure, ces pierres", se dit-il. "Je pense," ajouta-t-il, tandis que le son devenait plus fort, "le rat a de fortes dents."

L'instant d'après, le clair de lune, qui entrait à flots par la haute fenêtre, lui montrait une partie du mur solide qui reculait, et, dans l'ouverture, un homme grand, carré d'épaules, au cou de taureau, se taisait. La main de Charles trouva son épée et, sautant de son lit, il se jeta sur l'intrus.

Quand Etienne quitta son maître, au lieu de se rendre dans la partie du château où étaient cantonnées les troupes, il sortit complètement du mur et se promenait de long en large dans une méditation silencieuse. Il planifiait un plan d'action, et son esprit lent tardait à le tracer. La Pommeraye doit être prévenue, et doit quitter le château ; mais comment y parvenir sans s'attirer les foudres de de Roberval n'était pas un problème facile à résoudre pour Etienne. Mais il se décida bientôt sur une partie de son plan. Il préviendrait lui-même La Pommeraye . Il aurait alors le reste de la nuit pour planifier sa propre évasion ; et peut-être La Pommeraye pourrait-elle l'aider à sortir de son embarras.

Il connaissait douze manières d'entrer et de sortir du château sans être vu, et, s'introduisant par l'une d'elles, il attendit jusqu'à minuit, moment où de Roberval, qui risquait toujours de rôder, serait presque sûr d'être au repos. De nombreuses pièces avaient des passages secrets qui y menaient de l'extérieur, et celui de La Pommeraye en faisait partie. Etienne pouvait en parcourir les détours aussi facilement que les salles de l'intérieur, et il résolut de chercher une entrée dans la chambre de La Pommeraye et de lui raconter toute l'histoire.

Il trouva le verrou de la porte après quelques tâtonnements, mais il était resté longtemps inutilisé et nécessitait de nombreuses tractions vigoureuses pour le faire bouger. Finalement , elle riposta et, alors qu'il appuyait ses robustes épaules contre le mur, la porte secrète s'ouvrit.

Lorsque La Pommeraye s'élança, l'épée nue, Etienne ne montra aucun signe de peur.

— C'est moi, monsieur, dit-il avec une lenteur impassible.

La Pommeraye baissa son arme et s'écria :

— Qu'est-ce qui vous amène ici à cette heure ? Je pensais que vous étiez un des assassins de Roberval.

"C'est ce que je suis, Monsieur", répondit le Picard avec un humour sombre . "Je dois diriger un groupe d'entre eux pour vous ôter la vie."

La Pommeraye éclata de rire.

— Et où sont vos camarades, puisque vous êtes là pour mettre un terme à ma carrière ? Il a demandé.

" Monsieur pose trop de questions. Je ne suis pas précisément venu ici pour vous assassiner, mais pour vous dire l'heure, le lieu et la manière dont cela doit se faire. Quant à mes camarades, mon maître a laissé l'exécution de l'intrigue, et j'ai pensé qu'il valait mieux vous le raconter d'abord, avant de les préparer pour...

« Massacre ! Je vois, bon Etienne ! et La Pommeraye éclata de bon rire de la façon dont le domestique de Roberval l'avait déjoué.

"Monsieur a une entrevue avec le sieur de Roberval demain matin ?" demanda l'homme.

"Oui, très digne Etienne."

" Dans la tour est, dans la chambre de mon maître. Je dois vous admettre dans cette chambre ; et, ce faisant, je dois conduire trois autres meurtriers, comme moi, " dit Etienne avec un sourire ironique, " par un passage secret semblable à celui par lequel je suis entré tout à l'heure dans votre chambre. Nous devons attendre un signal de mon maître, le lever de son épée, et ensuite nous tomberons sur vous et nous assurerons de notre travail. Il prévint moi que si nous faisions une erreur, vous nous enverriez probablement tous au ciel, et si nous laissions savoir quelque chose à ce sujet, nous scrions tous pendus ; et ainsi, je pense, je ferais mieux d'aller être pendu.

Charles ne put retenir son amusement devant la lugubre sincérité avec laquelle les derniers mots furent prononcés. Sur d'autres lèvres, la remarque finale aurait sonné comme de l'humour sec ; mais la voix d'Etienne montrait qu'il ne s'attendait pas à un sort meilleur.

"Alors, votre maître me fait le compliment d'avoir engagé pas moins de quatre hommes pour me tuer", dit Charles. "Et que proposez-vous de faire, maintenant que vous m'avez prévenu ?"

— Je ne sais pas, monsieur. Il m'a fallu une heure de marche devant la porte pour en arriver là. Une heure de réflexion supplémentaire pourrait m'aider à trouver un moyen d'échapper à la colère du sieur de Roberval.

" Je crains, bon Etienne, qu'il ne vous pardonnera jamais si son complot échoue. Il n'est pas homme à rompre ses promesses. Peut-être verrons-nous un moyen plus facile de s'en sortir qu'au moyen d'une corde. Qui ordonne au garde de... nuit?"

"Pierre Dablon ."

"Est-ce qu'il te laisserait passer sans douter de ta parole ?"

"Oui, bien sûr ! Pierre a trop souvent senti la force de mon bras pour douter de ma parole."

" Le chemin est donc simple ! Allez aux écuries, sellez le meilleur et le plus rapide cheval de votre maître, et faites autant de lieues que possible entre vous et ce château avant que le moment soit venu de conduire vos camarades à ma mort. Dites à Pierre que vous êtes " Envoyé par de Roberval avec un message qui ne souffre aucun retard, et, vous voyant ainsi monté, il ne vous interrogera plus. Prenez cet anneau, et gardez votre cheval au chaud jusqu'à ce que vous arriviez à Saint-Malo. Renseignez-vous auprès de maître Jacques Cartier ; chaque Malouin. " Je peux vous diriger vers lui. Montrez-lui l'anneau, et il pourvoira à vos besoins jusqu'à mon arrivée. Et ne dites pas un mot de l'attentat de votre maître contre ma vie. Que seules les oreilles de Maître Cartier entendent l'histoire de Mademoiselle de Roberval et de M. "... de Pontbriand . Le monde ne comprend pas. Ils sont peut-être encore en vie, et nous les ramènerons ; et la France entière entendra leur histoire de leur propre bouche. "

Etienne ne put que tomber à genoux et baiser la main de Charles avec une gratitude muette.

"Mais, monsieur, s'écria-t-il, ne viendrez-vous pas avec moi ? Mon maître vous tuera certainement, et le château est plein d'assassins qui lui obéiront contre rémunération."

"Non, non, bon Etienne. En route pour Saint-Malo. J'ai rendez-vous avec votre maître demain. Je trouverai mon chemin jusqu'à sa chambre, et dans une semaine m'attends à Saint-Malo."

Etienne le quitta, et au bout d'une demi-heure il galopait sur les chemins boueux, sur lesquels de grandes flaques brillaient comme des boucliers d'argent. Tandis qu'il avançait, il se demandait quel genre d'homme il venait de quitter et comment, sachant que sa vie était en danger, il pourrait flâner dans la forteresse même de son ennemi.

Le lendemain, à l'heure dite, Charles se présenta dans la chambre de Roberval. Le noble le accueillit avec sa politesse glaciale habituelle. Il fut un peu alarmé de le voir entrer à l'improviste d'Etienne.

"Comment avez-vous trouvé votre chemin jusqu'ici ?" il a demandé.

- Etienne Brulé, le fidèle qui m'a servi depuis que je suis entré dans votre château, m'a dirigé, Sieur, répondit Charles.

"C'est vraiment un homme fidèle", dit de Roberval avec une pointe d'ironie dans sa voix dure. "Mais maintenant, dites-moi plus clairement la raison de cette visite."

"Le sieur de Roberval ne le sait que trop bien."

"Impossible, puisque vous ne me l'avez pas encore dit. Vos vagues allusions de la nuit dernière n'avaient que peu de sens. Si vous deviez le dire, parlez-le avec audace et sans détour, comme devrait toujours parler un soldat."

"Oui, et agissez", dit sèchement Charles.

"Que veux-tu dire?" s'écria de Roberval.

"Si votre réponse ne me satisfait pas alors que j'ai parlé clairement, vous comprendrez bientôt ce que je voulais dire", dit Charles.

« Oserez-vous me menacer ? et de Roberval mit la main sur son épée.

Charles a imité son action.

"Gardez ce jouet là où il est. J'ai ici à mes côtés l'épée que je portais sur le Sillon . Votre arme pourrait rétrécir au contact."

"Maudis-tu !" siffla de Roberval ; mais se rappelant à quel point Charles était entouré d'ennemis, il se retint et dit avec un sourire méchant : « J'ai oublié un instant que vous êtes mon invité, avec une pétition à offrir. prêt à vous l'accorder.

"C'est de mademoiselle de Roberval que je viens parler", dit Charles avec une sévérité qui fit trembler le noble de peur que ses projets n'échouèrent. "Depuis mon retour en France, il y a deux mois, d'étranges histoires sur votre traitement brutal envers votre nièce sont parvenues à mes oreilles. Je suis venu vers vous pour découvrir la vérité de ces histoires. Si elles sont vraies, je vous interromprai dès que possible. une chose maudite parmi les hommes. Si vous pouvez prouver qu'elles sont fausses, je jure que je défendrai votre honneur contre tout homme qui l'insultera en les répétant.

"Je n'ai pas besoin de champion", a déclaré De Roberval avec humeur. "Je n'ai rien fait de mal. Votre ami, en qui j'avais confiance, que j'ai accueilli chez moi, que j'ai vu reprendre vie dans cette même pièce, s'est révélé un ingrat infidèle et a trahi la confiance que j'avais placée en lui."

"Menteur!" est venu d'entre les dents serrées de Charles.

Mais de Roberval, sans tenir compte de l'interruption, poursuivit :

l'honneur de ma nièce, je l'ai emmenée avec moi dans le Nouveau Monde et j'ai interdit à son amant de s'aventurer à bord de mon navire. Mais à peine étions-nous un jour en mer qu'il se tenait à ses côtés, ayant trouvé son chemin à bord parmi un bande de criminels. Il a déshonoré le nom de De Roberval devant le monde entier. Je l'ai mis enchaîné pour sa désobéissance ; et il a néanmoins séduit ma nièce à ses côtés. Pourrais-je, en tant que dirigeant juste, épargner la mienne ? Je l'ai mise sur une île dans les mers du nord, avec les deux jades qui avaient encouragé son crime ; et son misérable amant sauta dans l'océan, et périt sans doute avant d'atteindre le rivage.

Charles restait pâle et tremblant d'effort pour se retenir, en écoutant ce récit, et de Roberval exultait à la pensée que dans un instant il verrait l'homme qu'il ne redoutait plus étendu mort à ses pieds. La Pommeraye retrouva enfin sa langue.

"Reprends ce mensonge !" tonna-t-il, ou, par la sainte croix, j'arracherai de votre fausse gorge la langue qui l'a prononcé ! Claude un trompeur ! Marguerite une..., mais il n'en pouvait plus. Il était sur le point de tirer son épée, lorsqu'il vit l'arme de de Roberval jaillir vers le haut. L'action l'a rappelé à ses sens. Il se souvint que ce devait être le signal pour les assassins. Il tendit brusquement la main, saisit de Roberval à la gorge et le précipita contre le mur. Le choc l'étourdit un instant, et son épée tomba en résonnant sur le sol. Charles le ramassa, le passa sur son genou et jeta les morceaux sur le noble.

« Une misérable arme, dit-il, digne d'un lâche.

De Roberval se releva et resta assis à regarder le géant courroucé.

" Vous êtes surpris, " dit La Pommeraye , " que je ne vous ai pas tué. Ce n'est pas par pitié ; je respecte l'hospitalité de votre toit. Je vous laisserai vivre un temps, torturé par votre conscience de lâche, et alors je Je vais vous terrasser. Assassin, votre complot a été découvert. Vous croyiez m'avoir assassiné dans votre propre maison, vous qui étiez autrefois assez noble pour vous frapper la poitrine quand vous vous croyiez vaincu. Vos paysans ont plus de noblesse. Etienne, à qui vous avez confié l'exécution de votre projet, m'a tout raconté, et je l'ai renvoyé sain et sauf sur votre meilleur cheval. Ne suivez pas ses pas, ou le duc de Guise vous fera sentir sa main de fer. Il me reste encore quelques mois à vivre. J'ai passé l'île des Démons et j'ai vu le feu de garde de votre nièce m'appeler à terre. J'y retourne immédiatement. S'ils sont encore en vie , je reviendrai et demanderai au roi de vous infliger le châtiment. " Vous le méritez ; s'ils ont péri, je vous couperai membre par membre. N'essayez pas de me suivre, ou d'envoyer vos chiens après moi, ou vos jours seront soudainement raccourcis. "

Laissant le noble encore à moitié abasourdi par le coup cinglant qu'il avait reçu, et sans voix devant les menaces qu'il avait entendues, surtout à l'évocation du duc de Guise, Charles sortit du château à grands pas, monta sur son cheval qui l'attendait à l'heure. porte, et s'éloigna avec une fureur qui mettait hors de question toute chance de poursuite.

Alors qu'il avançait avec le visage blanc et les dents serrées, personne ne le voyant n'aurait pensé que l'œil féroce et l'expression sévère auraient pu appartenir au fringant casse-cou, le prince des cavaliers et des duellistes , d'un an auparavant.

CHAPITRE XVI

L'automne est revenu une fois de plus pour les habitants solitaires de l'Île des Démons.

Le temps morne s'installait de manière menaçante ; et alors qu'ils affrontaient les mois inévitables, leur cœur se serra.

Les vents maussades de la fin septembre les ont de nouveau obligés à passer la plupart de leur temps dans leur cabane. Chaque jour pendant l'été, ils avaient guetté le passage d'une voile, mais avec le retour de l'automne, ils perdirent espoir et se préparèrent du mieux qu'ils pouvaient à passer un nouvel hiver sur leur île-prison. Leurs provisions de nourriture, bien qu'ils les eussent cultivées avec le plus grand soin, étaient presque épuisées, et ils n'avaient presque plus que du poisson et de la volaille.

Pourtant, leur environnement misérable, leur avenir sans espoir ne faisaient que les rapprocher. Ils s'étaient rencontrés, et cela signifiait tout. On n'aurait guère pu dire qu'ils étaient réellement malheureux, sans une inquiétude toujours tenace : l'état de santé de Claude. Tout l'été, il était resté fort et plein d'espoir, mais avec les premiers froids, sa toux était revenue et il avait lui-même compris qu'il ne pourrait jamais survivre à l'hiver, dont on sentait encore maintenant le souffle glacial venant du nord. Il devait abandonner le combat plus tôt que prévu ; mais avant la fin de la lutte, un autre chagrin – ou une autre joie, ils savaient à peine laquelle – devait s'ajouter à leur vie.

Début octobre, l'enfant de Marguerite est né. Elle avait presque prié pour qu'il ne vive pas ; elle avait presque espéré qu'elle pourrait en mourir et mettre fin à ces horribles souffrances, ce à quoi ils pouvaient s'attendre. Mais lorsqu'elle reprit lentement ses forces, qu'elle tint dans ses bras la petite créature sans défense et qu'elle comprit qu'elle tirait sa vie de ses veines, le désir de vivre lui revint ; elle avait maintenant une double motivation au courage et à l'espoir.

un temps l'avenir, ses propres souffrances, tout sauf son fils. Toute la tendresse de sa nature se montrait maintenant. Ses mains, qui en France n'avaient connu d'autre service que la guerre, étaient désormais aussi aptes que celles d'une femme. Nuit et jour, il servait Marguerite et son enfant et les voyait avec une grande joie grandir tous deux. Pendant ce temps, une bienveillante Providence semblait se soucier de lui, car sa force ne lui faisait jamais défaut ; et Marguerite, en rencontrant chaque matin son sourire éclatant et ses paroles enjouées, commençait à espérer que le miracle pour lequel elle avait prié s'était accompli et que Claude lui serait encore épargné.

Au froid de septembre avait succédé un automne inhabituellement tardif et doux, et dans les jours doux et brumeux, Marguerite montait et descendait la falaise avec son enfant dans les bras, suivie du petit qu'ils avaient baptisé avec humour François, et qui était maintenant bien domestiqué et qui suivait sa maîtresse partout où elle allait, comme un chien fidèle. En ces jours paisibles, Marguerite se retrouvait à chanter à son bébé les vieilles berceuses normandes, qu'elle n'avait pas entendues depuis son enfance, mais qui revenaient instinctivement sur ses lèvres.

Mais son bonheur devait être de courte durée. Le coup qu'elle redoutait lui tomba dessus au moment où elle s'y attendait le moins. La force de Claude n'avait été qu'un faux feu. Avec le retour du froid, la lourdeur s'emparait de ses membres, un poids sourd oppressait ses poumons et sa toux s'aggravait rapidement. Enfin, une nuit, il y eut une hémorragie qui ne put être arrêtée, et le matin Marguerite se retrouva seule avec ses morts.

Elle ne savait jamais comment elle avait vécu cette nuit et les jours qui suivirent. La nature a été miséricordieuse envers elle et a effacé tout souvenir de détails de son cerveau. La nécessité constante de prendre soin de son enfant était tout ce qui sauvait sa raison et l'empêchait de se suicider.

De ses propres mains, elle a creusé une troisième tombe à côté des deux autres sur la falaise, et après un travail et des efforts incroyables, elle a déposé le corps de Claude et a entassé la terre dessus. Lorsqu'elle eut achevé sa tâche, qu'elle avait accomplie avec une énergie sauvage et fiévreuse, elle se jeta sur le tertre et se laissa aller au désespoir le plus complet. Combien de temps elle resta là, elle ne le savait pas ; mais elle fut rappelée à elle par les pleurs de son enfant depuis la cabane. Non pas pour elle-même, mais pour le peu de vie qui dépendait d'elle, elle devait continuer à vivre et à être forte. Elle serra son bébé contre son sein et, avec un courage et un héroïsme incroyables, se mit à affronter la tâche qui l'attendait.

S'ensuivirent alors plusieurs semaines d'agonie. Au cours des longues nuits, le vent hurlait autour de sa hutte et elle imaginait entendre les voix des démons de l'île réclamant son âme. Avec une fureur diabolique, ils criaient et hurlaient autour de son frêle petit abri, et souvent elle croyait pouvoir les entendre essayer de forcer l'entrée. Le matin, avec son enfant bien serré et bien chaud contre son sein, elle sortait et arpentait la falaise par tous les temps, trouvant dans le pire tumulte des éléments un soulagement aux terreurs de la nuit. La folie semblait s'installer en elle, mais la pensée de son enfant la portait à travers tout cela, et la volonté de fer des De Roberval lui était d'un grand secours.

Sa vitalité était merveilleuse . Quelque chose de la nature de ses ancêtres guerriers semblait être entré dans ses veines, et elle était capable d'endurer des épreuves telles que de nombreux soldats courageux succombaient. L'hiver qui s'approchait sur elle s'annonçait non moins rigoureux que le précédent, et maintenant elle n'avait personne pour l'aider dans ses tâches quotidiennes. De ses propres mains, elle devait briser les branches nues, transporter des bûches et même abattre des arbres.

Ses efforts pour obtenir du poisson échouèrent, bien que la glace, qui se formait occasionnellement autour du rivage, fut bientôt brisée par le vent, et que les oiseaux, qui planàient toujours autour de leurs îles, ne semblaient avoir aucune difficulté à se procurer leur nourriture. Heureusement, la poudre et la grenaille, qu'ils avaient soigneusement ménagées, tenaient encore, et elle en avait suffisamment pour passer l'hiver. Elle était réticente à détruire les seules créatures vivantes qui restaient sur l'île. Elle avait appris à aimer les lièvres qui sautaient sur son chemin, et les oiseaux du nord, chaudement vêtus, lui étaient devenus de très chers compagnons dans sa solitude. Mais la terrible nécessité qui la regardait en face ne connaissait aucune pitié, et le calme hivernal résonnait souvent au son de son arquebuse . Elle était devenue si experte qu'elle gaspillait rarement une charge de poudre.

Décembre passa, et janvier fut presque terminé, lorsque le comble de la douleur que le destin réservait à cette femme héroïque s'abattit sur elle. Un matin, elle s'est réveillée et a trouvé son enfant froid et sans vie à ses côtés. Elle le saisit dans ses bras, pressa la petite forme glacée contre sa poitrine chaude, mais ne ressentit aucune chaleur en réponse. Elle lui embrassa follement les lèvres, les yeux et les joues ; elle ne croirait pas qu'il était mort. Quand enfin elle fut convaincue de la vérité, elle se précipita hors de la hutte.

Il y avait eu de fortes chutes de neige durant la nuit. Elle était pieds nus, mais elle ne faisait pas attention au froid. Elle se précipita vers la falaise, son enfant dans les bras, ses cheveux flottant sur ses épaules. La fin était enfin venue ; il n'y avait plus aucune raison de vivre. Le destin avait vaincu. Elle ne pouvait que se jeter à la mer et, avec son bébé dans les bras, se confronter au bon Dieu qui avait cru bon de la poursuivre avec tant de souffrance. Mais alors qu'elle se tenait sur la falaise, les vagues roulantes battant contre les creux rocheux dans l'aube grise lui semblaient les voix rauques des démons. Une fois de plus, elle les entendit réclamer son âme et celle de son enfant. Elle se retourna et revint sur ses pas jusqu'à sa cabane vide.

Posant le corps du bébé sur le lit, elle s'assit à côté de lui sur le sol, les mains jointes autour de ses genoux. Silencieuse, elle resta assise là, à côté du feu qu'elle avait allumé pour tenter de ranimer l'enfant, jusqu'à ce que la nuit tombe et que les étoiles brillaient clairement et clairement dans le ciel glacial. Elle resta silencieuse jusqu'à ce qu'ils disparaissent à nouveau devant la lumière grise de l'aube et que le matin d'un nouveau jour se lève. Le vent s'était levé pendant la nuit et les vagues mugissaient sur la plage ; mais elle n'entendait ni vent ni vagues. Les yeux secs, elle s'assit à côté de son feu éteint depuis longtemps et ne ressentit ni froid ni peur. Ses facultés étaient engourdies, son cerveau engourdi, et ce n'est que lorsque son fidèle compagnon, François l'ours, las d'attendre qu'on l'aperçoive, pressa son nez contre ses mains jointes et lui souffla son souffle chaud sur le visage, qu'elle réveillée de sa transe.

Elle se releva machinalement, se tourna vers son tas de broussailles, choisit quelques bâtons secs pour son feu, et s'apprêtait à les poser sur la braise, lorsqu'elle s'aperçut qu'il était mort depuis longtemps. Ses mains étaient comme de la glace ; elle était glacée jusqu'aux os ; mais la douleur physique qu'elle commençait maintenant à ressentir la sauva. Cela faisait appel à ses énergies; bientôt elle se mit au travail pour raviver le feu, et l'effort la tira hors d'elle-même. Alors que les flammes s'enflammaient et crépitaient à travers les branches sèches, la vie commença à revenir dans ses membres gelés, et elle se réveilla pour faire face à sa situation.

Son bébé doit être enterré et elle doit accomplir cette tâche. Elle façonna un cercueil grossier avec des planches et y déposa tendrement le petit corps. En fermant le couvercle, il lui semblait que chaque clou lui transperçait le cœur, mais elle ne pleurait pas. Ses yeux ne connaissaient plus depuis longtemps le réconfort des larmes. Avec lassitude, elle gravit le flanc de la colline avec son petit fardeau, se demandant combien de temps il lui faudrait avant de pouvoir déposer ses membres épuisés à côté de ces trois tombes grossières et en finir avec la souffrance pour toujours .

Le bébé ne doit pas mentir seul ; elle ouvrirait la tombe de Claude et le déposerait à côté de son père. Le sol gelé était presque impénétrable, et il fallut longtemps avant qu'elle parvienne à creuser un trou assez profond pour accueillir le cercueil. Mais patiemment, elle a travaillé dur ; lentement, avec des mains faibles, piratant le sol et grattant les mottes de la tombe. Enfin , elle avait fait une ouverture peu profonde pour contenir la boîte, et quand elle fut placée à l'intérieur, elle s'agenouilla à côté, tenant le crucifix qui avait sauvé Claude des vagues, et pria pour que leurs âmes reposent en paix. Une impulsion soudaine la saisit. Tout ce qu'elle avait chéri, tout ce pour quoi elle avait vécu, se trouvait dans cette tombe. Le crucifix était la dernière chose précieuse qui lui restait et elle le déposa sur le cercueil de son enfant. Puis, sans se permettre de s'agenouiller là plus longtemps, elle se leva précipitamment, rejeta la terre gelée dans la double tombe, et empila de grosses pierres en tas par-dessus, pour empêcher qu'aucun animal ne gratte la terre. Puis elle retourna à sa hutte et reprit le tour fatiguant de sa vie solitaire et désespérée.

Pour un esprit moderne, il peut paraître étrange que la raison ne l'ait pas complètement abandonnée ; mais l'époque à laquelle elle a vécu peut aider à expliquer la force qui la soutenait. Bien que de sang noble et tendrement nourrie, elle avait été habituée à regarder les scènes de mort et de difficultés avec un œil calme. Aussi jeune qu'elle soit, elle avait vu la mort sous de nombreuses formes ; et les sièges auxquels le château de son oncle avait résisté à plusieurs reprises lui avaient appris quelque chose de la force et de l'endurance d'un homme, qui, jointes à la vitalité tenace d'une femme, la rendaient doublement forte. Et puis, la solitude ne lui était pas étrangère. Dans sa jeunesse, avant que Marie de Vignan vienne vivre avec elle, elle était souvent restée seule pendant des semaines, sans personne pour soulager la monotonie de son existence, sauf le vieux Bastienne et les autres domestiques ; et pendant ces périodes, elle avait rarement parlé à un être humain, sauf pour lui donner un ordre. Et maintenant, bien qu'elle soit absolument seule, la lutte pour l'existence et la présence du jeune ours, son seul compagnon vivant, sauvèrent sa raison. Parfois, cependant, le son inhabituel de sa propre voix la faisait sursauter et se demandait si celle qui avait parlé pouvait vraiment ne faire qu'un avec la créature désolée qui parcourait cette île enneigée, scrutant désespérément l'horizon à la recherche d'un signe indiquant qu'il existait un autre monde. que l'étroit dans les limites duquel elle était encerclée.

La nuit qu'elle redoutait. Elle entretenait son feu pendant les longues heures d'obscurité, mais souvent les braises incandescentes et les langues de flammes prenaient des formes étranges devant ses yeux. À travers l'île, le vent soufflait et gémissait, et chaque son lui semblait être la voix de certains des légendaires mauvais esprits du nord. Souvent, elle se réveillait en sentant des présences fantomatiques près d'elle, à ses côtés. Elle se rapprochait alors de son étrange compagnon François et se blottissait contre son manteau hirsute. La chaleur de son corps et le tapis épais et doux qu'ils avaient confectionné avec la peau de la vieille ourse étaient tout ce qui la sauva de périr dans le froid glacial de ce terrible hiver.

Ce fut avec un soulagement indicible qu'elle vit le soleil printanier revenir et sentit le vent chaud du sud souffler sur les creux de l'île. Chaque jour, elle avait guetté avec des yeux désespérés la voile qui n'arrivait jamais ; mais maintenant, alors que les pousses vertes commençaient à briller çà et là sur le gazon brun, elle construisit de nouveau son feu de garde en haut de la falaise et le maintint allumé nuit et jour.

L'hiver semblait soudain avoir fait place à l'été. Tout au long du mois d'avril, le chaud soleil tomba sur l'île et, pendant des heures, elle resta assise à contempler l'étendue bleue d'eau à peine en mouvement. Mais le printemps inconstant avait un changement en réserve. Un souffle froid et glacial descendait du nord ; les pins et les bouleaux gémissaient et soupiraient encore une fois ; et les grandes vagues vertes s'écrasaient en écumant sur la plage. Son cœur se serra en elle ; mais toujours vers le sud, elle regardait. Une voix intérieure semblait encore lui assurer que du secours était en route pour elle et que ses souffrances touchaient à leur fin.

Enfin, le deuxième jour de la tempête, son œil aperçut, sur l'horizon brisé, une voile. Elle l'observa régulièrement jusqu'à ce qu'il n'y ait plus aucun doute sur sa réalité ; puis elle amassa un énorme tas de broussailles sur son feu. Ils l'avaient vu ! Le vaisseau se rapprochait de plus en plus. Elle allait enfin être secourue !

CHAPITRE XVII

Lorsque Charles arriva à Saint-Malo , il constata que son messager, Etienne Brulé, était arrivé sain et sauf dans la ville et que le cheval de De Roberval était bien soigné dans les écuries de Cartier. Aucune poursuite ne fut tentée et il devint évident que le maître d'Etienne ne ferait aucun effort pour le ramener.

En effet, de Roberval, qui savait que La Pommeraye était l'âme de l'honneur et que personne ne le croirait capable d'un mensonge, sentait que le plus sage serait le silence. Il savait qu'au moindre geste de sa part, La Pommeraye pourrait tourner toutes les langues contre lui ; et si le jeune homme avait, comme il l'avait laissé entendre, quelque influence auprès du duc de Guise, il appellerait sans doute sur lui la main lourde du grand ministre, qui n'aimait déjà pas le petit noble ambitieux.

Charles aussi resta silencieux à cause de ce qu'il avait appris. Son vieux sourire ensoleillé l'avait quitté, et lorsqu'il parlait, sa voix autrefois pleine et douce avait un son dur et métallique. Cartier le reconnaissait à peine , et ses questions ne recevaient que peu de réponses, ce qui l'empêchait d'approfondir ses recherches.

"De Pontbriand est peut-être encore en vie", dit Charles. "Mlle de Roberval peut encore vivre, et je dois les restituer en France, ou m'assurer qu'ils sont morts. Si je ne les retrouve pas, que Dieu aide de Roberval !"

"Que Dieu l'aide en tout cas !" se dit Cartier. « Votre esprit ne se reposera jamais tant qu'il n'aura pas versé le sang du petit tyran. Mais quand, ajouta-t-il, comptez-vous partir pour le Nouveau Monde ?

"Immediatement."

"Non, c'est impossible. Vous auriez quelque difficulté à amener des marins à s'aventurer sur l'Atlantique en cette saison."

« Si je ne puis me faire accompagner par des hommes, dit Charles, Etienne et moi irons seuls ; et tandis qu'il parlait, Etienne, qui se tenait là dans le verger de Cartier, où avait lieu la conversation, acquiesça de la tête et marmonna un « Oui, nous le ferons ! Lui aussi pensait à sa belle jeune maîtresse, qui lui avait toujours semblé une des saintes bienheureuses ; et lorsqu'il l'imaginait se languir de sa maison pendant l'automne maussade et l'hiver torturant du Canada, il aurait volontiers risqué le voyage à lui seul.

Ce n'était pas une tâche facile d'obtenir un navire. Roberval était revenu, et Charles n'avait plus son ancienne excuse. La rumeur courait à la cour que les amants avaient été punis pour avoir fait preuve d'immoralité ; et dire pourquoi il voulait le navire, ce serait traîner dans la fange les noms de Claude et de Marguerite. Il ne le ferait pas. Il ne se permettait même pas de penser à ce que de Roberval lui avait dit. Ce n'était pas le cas… cela ne pouvait pas être vrai ! C'était vrai qu'il s'était réveillé de son rêve ; il savait qu'il ne pourrait jamais gagner Marguerite. Ce qu'il avait appris d'Etienne et de son oncle avait banni cet espoir fou ; et toutes les petites circonstances de leur vie, qui étaient auparavant passées inaperçues, se présentèrent maintenant devant lui pour lui montrer à quel point il avait été aveugle et insensé. Mais il l'aimait néanmoins, et même davantage. Et quand il pensait à ce qu'elle et son amant avaient dû endurer sur cette île désolée, dans le grand océan du nord, son cerveau battait et son cœur battait au point qu'il pensait qu'il allait sûrement devenir fou. Pour se sauver, il sentait qu'il devait commencer son voyage le plus tôt possible.

Mais il y avait des difficultés sur le chemin. Cartier s'était débarrassé de ses navires et avait élu domicile permanent à Limoilou. L'achat d'un nouveau navire coûterait de l'argent ; et Charles, toujours prodigue, n'avait que de petits moyens qu'il pouvait appeler siens. Il comptait sur Cartier pour obtenir de l'aide ; mais cet astucieux marin savait comment l'entreprise devait finir, et au lieu de mettre la main dans son sac d'argent, il s'efforça de détourner La Pommeraye de son projet.

Constatant cependant que son ami était déterminé à faire le voyage, il finit par convaincre plusieurs marchands de Saint-Malo de se joindre à lui pour armer une petite embarcation de cinquante tonneaux, apparemment destinée au commerce des fourrures. Le navire était ancien, mais avait traversé l'Atlantique à plusieurs reprises, et un certain nombre de ses anciens équipages se sont déclarés disposés à rejoindre La Pommeraye s'il leur offrait un salaire suffisant. Il eut cependant du mal à réunir six fidèles compagnons qui, avec Etienne et lui, entreprendraient le voyage d'hiver. Mais au début de décembre, tout était prêt, et le petit navire, au milieu des hochements de tête et des prophéties de malheur de la part de ceux qui s'y connaissaient, s'éloigna vers la Manche et vers l'Atlantique, où déjà alors une tempête faisait rage.

Mais ils vont être déçus dès le début de leur voyage. Les mâts craquaient et gémissaient ; les planches frémirent ; l'étoupe s'est détachée dans les coutures ; et le deuxième jour de sortie, on constata que le navire avait eu une fuite. En pompant comme ils le feraient, ils ne purent diminuer l'eau de la cale ; et quoique La Pommeraye eût voulu tenir son chemin, la discrétion l'obligea à faire demi-tour à son navire et à courir vers le port qu'il venait de quitter.

Lorsqu'il arriva au port , le pont du navire était presque au bord de l'eau. Il n'y avait rien d'autre à faire que de la ramener à terre. Lorsque l'eau a été pompée hors du navire, il a été constaté qu'il était dans un état très tendu et que plusieurs planches de sa coque étaient complètement vermoulues. Il fallut le hisser en hauteur et à sec, et les charpentiers se mirent au travail pour lui faire une révision en profondeur. Au moment où il fut de nouveau prêt à prendre la mer, les neiges de janvier avaient commencé à blanchir les champs autour de Saint-Malo. Rien n'intimidant, La Pommeraye résolut de s'aventurer à nouveau, et Etienne se tenait à ses côtés ; mais lorsqu'ils vinrent chercher leur équipage, ils constatèrent que les camarades avaient tous fui Saint-Malo et ne pouvaient être retrouvés. Aucun autre homme n'était disposé à prendre leur place ; et pendant l'hiver, La Pommeraye , comme un éperdu, parcourait les rues à la recherche de marins. Mais aucun ne rejoindra son expédition. Les habitants de la ville en venaient à le considérer comme fou et se demandaient quelle influence maléfique il pouvait y avoir dans le Nouveau Monde qui l'y entraînait. Même les marchands regrettaient l'argent investi dans l'entreprise ; mais Cartier ne les laissa pas se retirer.

Ce n'est qu'au printemps que la *Marie* , comme on appelait ainsi la petite embarcation, fut prête à prendre la mer, à nouveau entièrement équipée. Juste au moment où les averses de mars commençaient à rajeunir la terre, elle s'éloigna de la ville ; et Cartier, qui se tenait debout contre le mur et la regardait sortir, se demandait quelle serait la fin. Cela ne pouvait être que tragique. Aucune compagnie ne pourrait passer deux hivers mornes sur une île isolée sans perdre une partie de ses effectifs, et il ne doutait pas que tous soient morts. Il regrettait à moitié, en regardant la voile de son ami descendre sous l'horizon, de ne pas l'avoir accompagné. Mais les trois déceptions que lui avait déjà causées le Nouveau Monde lui faisaient redouter ses rivages, et il frémit en pensant à la terrible nouvelle qui devait attendre La Pommeraye sur cette île solitaire du nord. Il frémit aussi en pensant à de Roberval. Le destin est parfois lent, mais il était certain qu'il devait enfin se précipiter avec une rapidité infaillible vers la destruction de l'homme qui avait détruit tant de vies.

La Pommeraye conserva tous les points de toile que son petit navire pouvait transporter, et après quatre semaines de navigation, avant une brise favorable , la côte sud de Terre-Neuve fut atteinte. Jusqu'à présent, ils n'avaient pas eu de temps éprouvant et leur cœur battait fort avec l'espoir que leur voyage se terminerait sans incident. Ils coururent au port de Saint-Jean, remplirent leurs tonneaux d'eau presque vides, puis entamèrent leur dernier voyage vers l'Île des Démons.

Mais avril est un mois dangereux. Jusqu'à présent, cela avait été un été, avec un soleil brûlant et de douces brises du sud. Maintenant le vent tournait au nord ; les nuages se glissaient dans le ciel plombé et bas ; une forte chute de neige s'abattit sur eux ; et il semblait que l'hiver revenait. Charles n'en était que plus impatient d'atteindre l'île et s'entassa sur des toiles. Mais les mâts courbés et la mer déchaînée lui firent finalement reculer ses voiles, et son petit navire fit pendant plusieurs jours sa route difficile vers le nord. La Pommeraye lui-même passait la plupart de son temps dans les traverses, guettant avec inquiétude sa destination. Il lui semblait qu'il n'y parviendrait jamais ; et la tempête, qui s'était accrue au lieu de diminuer à mesure que les jours passaient, menaçait d'inonder son navire. Le voilier le supplia de faire demi-tour et de courir vers le port de Saint-Jean. Il voyait qu'il serait obligé de le faire ; mais avant de donner l'ordre, il s'éleva une fois de plus et scruta l'horizon brisé et brumeux. Son œil perçant discerna bientôt une tache sombre qui apparaissait et disparaissait au fur et à mesure que la *Marie* montait et descendait sur les flots. Plus il s'approchait, et, à sa joie inexprimable, il vit une colonne de fumée s'en élever et, grandissant en volume, se répandre en un puissant nuage sur les eaux.

"C'est eux ! Ils vivent !" cria La Pommeraye , et glissant sur un pataras, saisit le bras de son voilier et lui montra le signal d'espoir.

Les marins l'ont vu aussi. Ils connaissaient l'île et se signaient avec crainte en contemplant ce qu'ils croyaient être la fumée de la fosse. Pour tous, sauf Etienne et La Pommeraye , il semblait qu'ils se précipitaient imprudemment vers la destruction. Comme pour renforcer leurs craintes, le vent orageux du nord-est soufflait avec une fureur redoublée, et vague après vague balayait le navire, menaçant d'écraser ses ponts. L'île était maintenant à moins d'un mile d'eux, et la colonne de fumée s'élevait toujours, leur faisant signe d'avancer. Mais les espoirs de La Pommeraye vont être déçus. Une vague plus puissante que ses semblables se brisa contre les hautes proues et attrapa le *Marie* au milieu du navire, envoyant des tonnes d'eau sur ses ponts. Avant qu'elle ait pu récupérer et s'en débarrasser, une succession de vagues similaires s'abattit sur elle, et tout semblait perdu.

"Notre seul espoir", s'écria le maître à voile, "est d'aborder le navire et de courir devant le vent. Aucun navire ne pourrait jeter l'ancre dans cette tempête, même si nous atteignions cette île ; et à moins que le vent ne diminue, nous devons le plus tôt possible." ou plus tard être submergé. "

Il n'y avait rien d'autre à faire, et La Pommeraye y consentit à contrecœur. Le petit métier fut difficilement réalisé. Chaque morceau de toile fut abaissé, et le bateau courut sous des poteaux nus, tandis que la mer immense montait haut autour de sa haute poupe, cherchant à le noyer.

Lorsque Marguerite vit s'éloigner le vaisseau qui pesait sur elle, son cœur lui manqua complètement. Ils avaient vu son signal et pourtant ils l'abandonnaient. Pendant des mois, elle avait regardé en vain ; enfin son espoir semblait sur le point de se réaliser ; et quand elle le vit disparaître, elle se retrouva plus désolée que jamais. Elle aurait volontiers accueilli la mort à ce moment-là ; et en effet, il ne pouvait plus attendre longtemps. Ses munitions étaient épuisées ; elle vivait principalement des œufs des oiseaux de rivage et du poisson qu'elle pouvait de nouveau se procurer occasionnellement. Mais des moyens aussi précaires ne pouvaient pas durer longtemps ; ce n'était qu'une question de temps.

Elle était assise sur la falaise, indifférente à la tempête qui lui frappait la tête et dispersait les braises de son feu. L'angoisse de sa situation s'imposait à elle. Rester sur l'île signifiait une mort lente et torturante ; et pourtant, si elle avait été sauvée, elle aurait dû laisser derrière elle tout ce qu'elle avait aimé. Elle a prié pour pouvoir mourir immédiatement.

Mais le Ciel en avait ordonné autrement. La vie et l'espoir lui reviendraient ; son emprisonnement était presque terminé.

La Pommeraye avançait devant le vent jusqu'à ce que les hautes falaises du port de St John's se dressent devant lui. C'était un spectacle bienvenu, car la petite embarcation avait été si mise à rude épreuve par la lutte contre la tempête, qu'elle avait fait jaillir une fuite, et c'était avec difficulté que les matelots empêchaient l'eau de la cale de gagner sur eux. Mais à l'intérieur du port, les eaux étaient relativement calmes ; et lorsque l'ancre fut jetée, un examen attentif montra que la fuite était immédiatement au-dessus de la ligne de flottaison et pouvait être facilement réparée. Toute la nuit, le vent hurlait à travers les agrès ; et toute la nuit, La Pommeraye , incapable de se reposer, arpentait le pont comme un tigre en cage. Le lendemain matin, la tempête faisait toujours rage, et ce n'est que le lendemain qu'ils purent prendre le large. Le vent était maintenant passé au sud et une légère brise ondulait la surface des rouleaux géants sur lesquels ils plongeaient vers le nord.

Quatre jours s'étaient écoulés depuis que Marguerite avait vu le vaisseau disparaître ; et quatre jours terribles qu'elle avait passés, errant comme une folle sur sa prison insulaire. Toute la journée, elle entendait les voix des démons appeler de chaque falaise et grotte, et la nuit, elles frappaient les murs de sa cabane et semblaient entretenir un rire féroce et démoniaque sur les tombes à flanc de colline. Sans François, elle se serait précipitée dans les grandes vagues vertes qui roulaient sur le rivage, vouée à sa propre destruction ; mais la présence de la créature fidèle, qui la suivait de falaise en falaise, alors qu'elle regardait l'est et l'ouest, le nord et le sud, sur le désert des eaux ; qui était assise avec un émerveillement pathétique alors qu'elle gisait longuement sur les tombes de ses proches ; qui l'a gardée dans les ténèbres pendant que les démons hurlaient au-dessus de sa demeure - l'a sauvée d'elle-même. Elle avait envie de mourir ; elle aurait reculé à l'idée de quitter l'île où reposait Claude, mais le principe de la vie qui ne mourrait pas exigeait qu'elle se sauve si cela était possible. Et tandis qu'elle priait pour que la mort vienne, elle tendait les yeux dans l'espoir de voir approcher quelque voile.

Enfin, la tempête s'apaisa. Les vagues continuaient de gravir l'île, mais la brise chaude lui disait que le temps du danger était passé. Un espoir qui ne serait pas anéanti lui murmurait que le navire qu'elle avait vu était en route vers l'île, et tandis que la tempête s'abaissait, le même espoir fou lui suggérait qu'il reviendrait. Jusqu'à la tombée de la nuit, elle regarda, et quand le jour se leva , elle resta aux aguets, scrutant l'horizon lointain. Elle fut enfin récompensée . Un point blanc et sombre se détachait sur le ciel clair. Rapidement, il s'est approché. Peu à peu les voiles blanches se distinguèrent, puis la coque noire apparut, et là, devant elle, gisait un vaisseau de sa terre, un vaisseau de la Belle France. Elle ne bougeait pas, ne parlait pas, et à ses côtés François était assis sur ses hanches, aussi immobile qu'elle. Un canon retentit du navire et ses échos réveillèrent une myriade d'oiseaux qui volaient en hurlant à travers les vagues ou plongeaient dans l'océan. C'était un son étrange pour Marguerite : une voix de son ancienne maison, qui la rappelait à la vie.

Avec joie, La Pommeraye avait revu la pointe rocheuse de l'horizon. Mais une vive déception le saisit lorsqu'il chercha en vain le signal qui lui avait annoncé qu'il y avait encore de la vie sur l'île. Auraient-ils pu périr dans la tempête ? Son approche, alors qu'ils étaient au bord de la tombe, aurait-elle servi uniquement à les exciter et à rendre la fin plus dure ? De telles pensées lui traversaient le cerveau, alors qu'il guettait en vain le moindre signe de vie.

Enfin Etienne lui toucha le bras.

"Regardez, Monsieur, ils vivent ! Il y a deux silhouettes là-bas sur la falaise."

Pendant qu'il parlait, tous les regards se tournèrent vers l'éperon saillant, et lorsque les matelots aux visions perçantes aperçurent Marguerite et son grossier compagnon, ils tombèrent à genoux et se signèrent avec une sainte crainte. La Pommeraye fit rapidement affaler les voiles et jeter l'ancre ; et avant que Marguerite ait pu quitter son poste, le canon sonna son accueil.

Descendant sur la plage, elle alla à la rencontre du bateau qui approchait, et même La Pommeraye fut stupéfait en voyant sa silhouette venir vers lui.

Ses vêtements avaient été rapiécés et raccommodés jusqu'à ce qu'il soit impossible de les raccommoder, et ils pendaient maintenant en lambeaux autour d'elle. Ses cheveux, autrefois si noirs et brillants, étaient striés de blanc, et son visage avait l'air de quelqu'un qui a connu tout ce que la vie a à offrir de joie et de chagrin, et qui a marché en présence de la mort comme avec un ami. . A ses côtés se tenait le jeune ours, un monstre hirsute et féroce, assez à lui seul pour semer la terreur dans le cœur des marins émerveillés. Les hommes à bord du bateau perdirent courage et leurs mains inertes refusèrent de saisir les rames. Mais la voix sévère et autoritaire de La Pommeraye leur rendit leur présence d'esprit. La quille du bateau grinça sur les rochers, et La Pommeraye sauta à terre et tomba à genoux devant le pâle fantôme de celle qu'il avait si fidèlement aimée, et le suivit à travers la moitié du monde.

« Mademoiselle ! » dit-il, mais il ne pouvait pas aller plus loin. Son cœur lui montait à la gorge et l'étouffait. Elle aussi restait comme abasourdie, les genoux tremblants, le cerveau en ébullition. Elle serait tombée si elle n'avait pas pris sa main tendue pour se soutenir.

L'ours grondait d'inquiétude à ses côtés, et lorsqu'il vit la main de La Pommeraye toucher sa maîtresse, il poussa un grognement sauvage et fut sur le point de se jeter sur l'intrus. Marguerite lui fit descendre, et la créature obéissante s'accroupit à ses pieds.

"Mademoiselle a un étrange gardien", dit La Pommeraye , qui s'était relevée à l'approche de l'animal.

— Il m'a gardé en vie, monsieur. Sans lui, j'aurais perdu la raison ou me serait jeté à la mer.

"Où sont tes compagnons ?"

La Pommeraye frémit en posant cette question, mais il ne put la retenir plus longtemps.

« Ils vont bien, » répondit-elle calmement ; "ils dorment derrière la colline."

"Mort?" s'écria La Pommeraye à mi-voix.

"Tous morts", fut sa réponse calme.

"Et pourtant tu vis ! Depuis combien de temps endures-tu la solitude de cet endroit morne ?"

"Claude est mort avant que la neige ne tombe, et depuis, François et moi vivons je ne sais comment. J'ai essayé de mourir, mais le Ciel a été trop bon."

La Pommeraye détourna la tête, et les sanglots qu'il ne pouvait plus retenir le secouaient de la tête aux pieds. Il a lutté pour se maîtriser. Enfin il se tourna vers elle et lui prit la main pour la conduire au bateau.

"Votre ancien domestique, Etienne Brulé, est avec moi", dit-il. "Il t'attend dans le bateau. Il veillera sur toi pendant que je récupère tout ce qui se trouve dans ta cabane."

Mais elle s'éloigna un peu de lui.

"Monsieur, je ne peux pas..." et pour la première fois sa voix faiblit. "Je ne peux pas laisser mes morts !"

À ce moment même, Charles sentit un violent battement de son cœur, lorsqu'il comprit que la femme qu'il aimait avait irrévocablement, pour la vie et pour la mort, donné sa vie à son ami.

Tout en parlant , elle se retourna et le conduisit devant la cabane et en haut de la colline jusqu'au petit groupe de tombes. L'heure de la séparation totale était venue et elle ne pouvait rien dire. La Pommeraye sentit qu'un mot de sa part serait un sacrilège. Silencieuse, elle restait là, déchirée entre l'angoisse de se séparer et la réalisation qu'elle doit partir. Enfin sa volonté fut vaincue, et elle se tourna vers La Pommeraye en disant simplement : « Je suis prête, Monsieur.

Du quatrième qui dormait dans ce cimetière solitaire à flanc de colline, elle ne dit pas un mot. La jeune vie était née et s'était de nouveau éteinte, là, dans ce lieu désert, au milieu des étendues désertes de l'océan, inconnue de tous sauf des deux dont elle avait pour toujours lié indissolublement les âmes. Pourquoi faut-il le dire au monde ? L'île garderait son secret ; et personne en France ne devrait jamais apprendre que son enfant et celui de Claude reposent dans la tombe de son père.

Elle s'agenouilla et baisa les pierres qui marquaient l'endroit ; puis, sans un regard en arrière, elle suivit La Pommeraye jusqu'à la cabane.

Il n'y avait pas grand-chose à emporter avec elle : le tapis en peau d'ours qui avait été son salut pendant l'hiver rigoureux, et une ou deux bagatelles personnelles précieuses qui étaient tout ce qui restait de sa mort. Le cœur de La Pommeraye éclatait en lui en voyant comment elle avait vécu et en devinant ce qu'elle avait dû endurer. En silence, ils descendirent vers le rivage.

"Pauvre François !" dit Marguerite en jetant ses bras autour du cou de la fidèle bête. "Pauvre François !" et il y avait un monde de sens dans son ton.

Bientôt, ils furent prêts à quitter l'île ; et les marins étonnés, qui ne connaissaient rien de son histoire, car Etienne avait gardé un silence sacré, frémirent lorsqu'elle monta dans le bateau.

Lorsque l'ours vit que sa maîtresse l' abandonnait , il sauta dans l'eau et essaya de nager après elle. Cependant, fatigué par l'effort, il fut obligé d'abandonner et de retourner à la nage jusqu'au rivage, où il arpenta la plage de son pas roulant et maladroit, les yeux fixés sur le bateau en retraite.

Alors que le navire s'éloignait, les marins pouvaient voir sa forme blanche se tenant dans une solitude mélancolique sur le point culminant de la falaise. Alors que le navire n'était plus qu'un point au loin, il tourna les yeux vers la côte et vit un phoque se prélassant au soleil. Furtivement, il descendit la falaise et le long du rivage, ses énormes griffes s'enfoncèrent dans le cou de la bête sans méfiance, et avec un plaisir sauvage, il la déchira en morceaux.

CHAPITRE XVIII

Alors que le navire s'éloignait de l'île des Démons, La Pommeraye n'avait qu'une pensée : regagner immédiatement la France et affronter de Roberval. Mais avant d'avoir parcouru plusieurs milles , il se souvint qu'il avait un devoir à remplir envers les marchands de Saint-Malo qui avaient armé son petit navire. La route fut changée, la proue du navire tourna vers l'ouest, et après quelques jours de navigation il jeta l'ancre dans les eaux noires à l'embouchure de la grande gorge du Saguenay. Il fut accueilli par les Indiens, dont les huttes étaient regroupées autour des hautes falaises et le long des étendues sablonneuses de cet endroit accidenté. Des coureurs furent envoyés dans les villages indiens environnants et, en quelques jours, son navire fut presque coulé jusqu'aux ponts avec une riche cargaison de fourrures.

Pendant tout ce temps, Marguerite restait hors de vue, ne venant sur le pont que le soir, quand il faisait noir, et elle pouvait être seule. Elle fuyait la compagnie et parlait à peine, même à La Pommeraye . Une mélancolie profonde et installée couvait son âme. Lorsque sa petite île disparut à l'horizon, il lui sembla que tout ce qu'elle aimait sur terre lui était perdu à jamais . Nuit et jour, elle voyait devant ses yeux cette tombe solitaire à flanc de colline où son cœur était enseveli ; et parfois le désir d'y revenir devenait trop fort pour elle, et elle était tentée de prier La Pommeraye de la reprendre. Mais les visages français bienveillants qui l'entouraient, les voix françaises qui résonnaient comme une musique à ses oreilles, la considération généreuse et réfléchie du vieux camarade de Claude, la rendaient à son bon sens. Le calme, la bonne nourriture, le confort relatif et le sommeil provoquèrent en elle un changement merveilleux , et au moment où ils furent en route vers la France, elle fut capable de parler un peu et de raconter à Charles un aperçu de son histoire.

Six semaines après, les marchands de Saint-Malo virent une embarcation profondément chargée entrer dans le port sous un nuage de toile. Elle n'était pas pêcheuse ; et beaucoup de ceux qui avaient de l'argent investi dans des aventures maritimes affluèrent vers les murs. Parmi eux se trouvait le perspicace Cartier, qui n'entendait jamais parler de l'approche d'un navire venant de rivages étrangers mais qui pensait à La Pommeraye . A peine avait-il aperçu le navire qu'il s'écria :

"C'est le *Marie* , et chargé sur les ponts !" Et il ajoutait pour lui-même : « De retour si tôt ? Son œuvre doit être terminée ; et maintenant, que Dieu ait pitié de de Roberval !

Lorsque le navire jeta l'ancre, Cartier fut un des premiers à l'atteindre et, se précipitant à bord, il embrassa chaleureusement son ami. Puis il le plaça à bout de bras, et, la main sur l'épaule, scruta avidement son visage, comme pour en apprendre la nouvelle qu'il avait apportée. La Pommeraye ne parlait pas, mais son visage disait à Cartier que tout n'allait pas bien.

"Vous avez été sur l'Île des Démons ?" demanda-t-il enfin.

"J'ai."

"Et trouvé là-bas ?... De Pontbriand ... est-il encore en vie ?"

Charles se contrôla avec un effort pour répondre :

" Pensez-vous que si Claude de Pontbriand était à bord, il resterait en bas pendant que Jacques Cartier monterait à bord de son navire ? "

"Il est mort?"

"Mort!"

— Et mademoiselle de Roberval ?

"Elle seule, de tous, est restée en vie. Elle a vécu dans ce lieu sombre au milieu de l'Atlantique, pendant que sa nourrice et son compagnon périssaient, et enfin, de ses propres mains, elle a enterré Claude. Un autre la mort doit suivre pour achever la tragédie.

Cartier serra la main de son ami en silence. Il n'était plus jeune ; mais quelque chose de la rage féroce qui brûlait dans la poitrine de La Pommeraye s'enflamma dans la sienne, en regardant le visage usé et attristé du jeune aventurier autrefois plein d'entrain. « Que Dieu aide De Roberval ! pensa-t-il encore une fois, "et que Dieu accélère le bras qui porte le coup !"

"Mais descendez," dit Charles après quelques instants de silence oppressant, "et voyez par vous-même Mlle de Roberval. Je ne veux que personne d'autre que vous sache pour le moment qu'elle est revenue en France. Je vous laisse avec et m'occuper de ces Malouins , qui sont sans doute venus voir quel retour je peux leur donner pour les sous qu'ils ont placés dans la *Marie* .

Cartier ne put retenir un sursaut de consternation lorsqu'il fut introduit dans la petite cabane où Marguerite l'attendait assise. Il l'avait vue pour la dernière fois, il y avait un peu plus de quatre ans, une belle fille, dans le charme plein et radieux d'une femme naissante. Elle se tenait maintenant devant lui, usée et vieillie, avec des cheveux blancs et un visage de femme de cinquante ans au lieu de celui d'une fille de vingt-six ans. Mais sa silhouette était toujours aussi droite et son port aussi royal ; ses yeux sombres n'avaient rien perdu de leur feu, même si leur profondeur contenait le secret de la tragédie de sa vie, et sa voix, lorsqu'elle parlait, avait gagné en plénitude et en richesse ce qu'elle avait perdu en éclat et en gaieté de jeune fille.

Cartier se contrôlait et ne laissait aucun signe de pitié ou de sympathie apparaître sur son visage ou dans sa voix.

« Mademoiselle, dit-il simplement, je vous souhaite la bienvenue en France. Si vous daignez accepter mon hospitalité, ma maison et tout ce que j'ai sont à votre service aussi longtemps que vous en ferez usage.

Marguerite le remercia avec sa vieille et tranquille dignité. Elle n'a jamais perdu le contrôle d'elle-même à travers toutes les scènes éprouvantes de son retour au pays qu'elle avait quitté sous des auspices si différents, si peu rêvant de ce que serait son retour. Lorsque Charles eut réussi à se débarrasser des marchands qui encombraient ses ponts, il la conduisit à terre. Cartier, ému d'une compassion paternelle envers la jeune fille dont les souffrances ressemblaient plus à une légende qu'à la réalité, insista pour qu'elle reste avec lui et sa famille jusqu'à ce qu'une rencontre avec de Roberval puisse être organisée.

Un messager fut envoyé en Picardie, mais revint avec l'information que de Roberval était absent depuis longtemps de son château. Il était occupé dans les guerres ; mais comme Paris serait sans doute son quartier général, Charles et Marguerite résolurent de l'y chercher.

Pendant tout ce temps, aucune parole d'amour n'était sortie des lèvres de La Pommeraye . Il aspirait avec un désir inexprimable à revendiquer le droit de chérir et de protéger Marguerite pour le reste de sa vie, mais il réalisait chaque jour à quel point le gouffre qui les séparait était profond. Son cœur, il le savait, ne pouvait être conquis que sur la tombe de Claude, et chaque fois qu'il essayait de parler, la vision du cimetière désolé de l'île se présentait devant lui et les mots se figeaient sur ses lèvres. Marguerite ne pouvait s'empêcher de voir son dévouement ; mais elle évitait si soigneusement de lui donner aucun signe d'encouragement, que les semaines au manoir de Limoilou et le voyage ultérieur à Paris se passèrent sans que La Pommeraye puisse se rapprocher d'elle. Elle ne pouvait pas être ingrate. Elle éprouvait pour le beau géant une affection tendre et fraternelle, et apprit à comprendre que Claude et Marie avaient pour lui une admiration sans bornes.

A Paris, Charles l'établit dans un quartier isolé, car bien qu'elle ait des amis dans la ville, tous deux jugeaient sage que pour le moment absolument personne ne soit au courant de son retour. Tous la considéraient comme morte ; et pendant un certain temps , elle doit encore être morte au monde. La Pommeraye prend soin d'éviter ses anciens repaires et amis, mais ne relâche en rien sa quête d'informations sur les déplacements de De Roberval. Il apprit que le noble n'était pas alors dans la ville, mais que d'ici une semaine il reviendrait.

Avec cette nouvelle, il courut chez Marguerite. Elle fut profondément émue en apprenant qu'elle allait bientôt se retrouver confrontée à son oncle. Comment devrait-elle le rencontrer ? Qu'aurait-il à lui dire, qu'il croyait sans doute morte depuis longtemps ?

Sa vie était devenue un étrange chaos. Elle ne savait pas pourquoi elle s'était laissée amener à Paris. Il serait impossible de reprendre jamais les anciennes relations avec son oncle ; mais il était hors de question de vivre plus longtemps dans la dépendance des étrangers. Certaines dispositions concernant son avenir doivent être prises sans délai, mais de toute façon, De Roberval doit être informé de sa présence. Tout sentiment semblait presque mort en elle, mais, se souvenant des circonstances de leur séparation, elle ne pouvait pas espérer revoir son oncle sans un frémissement d'anticipation.

Elle remarqua le feu dans l'œil de La Pommeraye , tandis qu'il se promenait dans son appartement, après lui avoir donné le renseignement ; et un jour ou deux après, comme il venait la consulter au sujet de quelques affaires, elle lui demanda quels étaient ses projets.

"Je chercherai le sieur de Roberval," dit Charles, "dès qu'il arrivera, et je fixerai un rendez-vous entre vous de la manière que vous pourrez m'indiquer. Et ensuite..."

Il se retint brusquement ; mais Marguerite vit l'éclat de son œil et l'expression résolue que prit sa bouche tandis qu'il retenait les mots qu'il avait prononcés. Elle posa doucement sa main sur son bras.

« Monsieur de la Pommeraye , dit-elle, vous m'avez prouvé un ami fidèle et dévoué. Je sais que je ne pourrai jamais espérer récompenser vos sacrifices désintéressés ; et je ne pourrai jamais non plus exprimer ne serait-ce qu'une petite partie de ma gratitude pour tout ce que vous avez si noblement fait. Non, écoutez-moi... » tandis que Charles allait l'interrompre. "Je ressens plus profondément que je ne peux vous le dire ; vous devez me laisser parler cette fois. Je ne suis pas ingrat, croyez-moi." Sa voix tremblait un peu, même si elle la contrôla instantanément. " Mais je vais vous demander encore une bonté. Il y a eu assez de sang versé, trop. Malheureuse femme que je suis, comment rendre compte de toutes les morts dont j'ai été cause ? " Elle se détourna un instant ; et les rares sanglots secouaient sa mince silhouette. Charles resta silencieux devant un chagrin trop profond pour qu'il soit possible de le dire. Enfin , elle se tourna vers lui et, d'un geste suppliant, lui dit : « Je vous prie d'épargner la vie de mon oncle.

La Pommeraye se mit à parcourir la pièce de son pas habituel. Son front était sombre et il se mordillait sauvagement la lèvre inférieure. Qu'elle plaide pour

la vie de l'homme qui lui avait causé tout cela était pour lui inexplicable.
Fallait-il donc rechigner à se venger ?

Marguerite attendait sa réponse.

« Monsieur, dit-elle enfin, voulez-vous en ajouter un de plus à mes chagrins
?

L'indicible tristesse du ton alla au cœur de La Pommeraye . Impulsivement,
il s'agenouilla devant elle.

« Mademoiselle, dit-il, si un ange du ciel m'était apparu et m'avait demandé
d'avoir pitié de ce scélérat, j'aurais mis mon âme en péril plutôt que de le
laisser impuni. Mais maintenant... »

Sa voix lui a fait défaut. Il lui prit la main et la regarda en face. Toute son âme
était dans ses yeux ; et dans ce regard ardent Marguerite lut son secret. Il était
sur le point de parler, mais elle l'arrêta.

" Levez-vous, dit-elle doucement, vous êtes trop noble pour vous agenouiller
devant moi. Vous êtes mon meilleur ami, le seul ami que j'ai au monde.
Rappelez-vous, je suis entièrement seule. Je vous fais confiance, Monsieur ;
je me place absolument. entre vos mains. Allez-vous accéder à ma demande
?

Elle avait bien choisi ses mots. Charles voyait qu'elle l'avait compris et qu'elle
avait voulu l'empêcher de parler de son amour. Le doux rappel de sa
dépendance impuissante à son égard faisait appel à toute sa virilité et sa
chevalerie, et faisait taire l'aveu passionné qu'il s'apprêtait à faire. Il lui serra
la main et la porta à ses lèvres.

« Votre souhait est ma loi, Mademoiselle », dit-il, et, se maîtrisant avec effort,
il lui dit adieu et sortit en toute hâte de la maison.

Dans les rues de la ville où il se promenait, il ne se souciait pas d'où il allait.
Les passants se tournaient vers lui ; mais il ne prêta attention à personne. Il
continua son chemin, absorbé dans sa propre lutte intérieure, jusqu'à ce qu'il
atteigne l'église des Innocents, au cœur de la ville. Un groupe de nobles
approchait et, alors qu'ils le dépassaient, un éclat de rire parmi eux attira son
attention. Il leva les yeux ; vit de Roberval, et son épée sortit de son fourreau.
Une demi-douzaine d'autres armes brillèrent instantanément au soleil ; mais
La Pommeraye , se rappelant qu'il n'avait de problème qu'avec un seul d'entre
eux, rengaina sa lame, et, sans prêter attention aux cris de bienvenue de
quelques-uns des gens qui le reconnurent , fit signe à De Roberval de s'écarter
du groupe.

« Ma présence ici vous effraie », dit-il, car la pâleur soudaine du noble ne lui avait pas échappé. "Et pour cause. Je reviens tout juste de l'Île des Démons."

"En effet ; et de quoi s'agit-il là ?" répliqua de Roberval avec un air d'insouciance, bien qu'il ne parvînt pas à calmer complètement sa voix.

Charles le regarda droit en face.

« Lâche et meurtrier ! dit-il entre ses dents.

"Alors ils sont morts ?" dit de Roberval, s'efforçant toujours de parler calmement.

"Mort!"

De Roberval avait pris une décision rapide. Se maîtrisant avec un grand effort, il dit précipitamment : « Nous ne pouvons pas en parler maintenant. Retrouvez-moi ce soir à cet endroit, et j'écouterai l'histoire la plus sombre que vous ayez à raconter. Si vous désirez ma vie, je suis fatigué. et je le déposerais volontiers."

L'homme avait beaucoup vieilli depuis la dernière fois que Charles l'avait vu. Ses épaules étaient courbées ; ses cheveux étaient presque blancs ; et son visage était maigre et usé. Quelque chose dans sa voix fit croire à Charles qu'il était sincère, et pendant un instant un sentiment proche de la pitié remua dans son cœur.

"C'est bien", dit-il. « Ce soir, à huit heures, je serai là », et sans même dire un mot aux compagnons du noble, il s'éloigna à grands pas. Il revint vers Marguerite et lui raconta la rencontre avec son oncle et le rendez-vous fixé pour la soirée. La nouvelle l'a visiblement beaucoup agitée.

« Lui avez-vous prévenu de ma présence ici ? elle a demandé. "Est-ce qu'il s'attend à ce que je le rencontre ?"

"Il ne sait rien de votre retour", répondit La Pommeraye . "Je n'ai pas eu l'occasion de lui dire. Il pense que tu as péri sur l'île."

"Mais tu lui diras ce soir ?"

"J'ai réfléchi à un plan", a déclaré Charles. " Ne serait-il pas bon que vous attendiez dans l'église des Innocents, où je dois le rencontrer, pendant que je l'avertis de votre retour et que je le prépare à vous rencontrer ? "

Marguerite saisit l'idée. Elle redoutait surtout une nouvelle querelle entre La Pommeraye et son oncle ; et sa présence serait une garantie contre l'effusion de sang. Alors qu'elle se préparait à accompagner Charles, ses pensées se remémoraient cet autre soir, près de cinq ans auparavant, où elle avait assisté à une rencontre entre ces deux mêmes hommes. Le but qu'elle avait maintenant en vue était le même : sauver la vie de son oncle ; mais les circonstances, comme c'est différent ! Le voile sur l'avenir aurait-il pu être levé dès cette première rencontre, n'aurait-elle pas été tentée de le laisser à la merci du glaive de son ennemi ? Et maintenant, elle accompagnait cet ennemi, qui s'était révélé son ami alors qu'elle n'en avait pas d'autre au monde, pour l'empêcher de venger ses torts sur celui qui aurait dû être son protecteur naturel. Son cerveau nageait alors que ces pensées se pressaient en elle ; et elle était heureuse de se réfugier dans l'église faiblement éclairée et de calmer son esprit distrait dans une prière silencieuse devant l'autel.

La Pommeraye , dehors, faisait les cent pas, attendant l'arrivée de De Roberval. Sa main était sur la garde de son épée, et son œil vigilant surveillait de tous côtés ; car, malgré les paroles d'adieu que lui avait adressées le noble dans l' après-midi, il n'avait déjà que de trop bonnes raisons de le soupçonner de trahison.

Et en fait, de Roberval avait résolu en lui-même d'ajouter encore un acte brutal à la longue liste qui avait ruiné sa vie et fait de lui un gentleman et un homme d' honneur un tyran, un lâche et un assassin. La Pommeraye était rentrée en France. Il n'avait qu'à ouvrir les lèvres, et la vie de de Roberval était à sa merci. Le noble ne pouvait pas non plus se remettre de l'indignité et de l'humiliation cinglantes que Charles lui avait infligées lors de leur dernière rencontre. Du début à la fin, il lui avait dû une rancune amère, d'autant plus amère que, dans un moment de lâcheté, il avait profité de la générosité du noble garçon pour se mettre à l'abri de la défaite et du déshonneur . Non, il n'y avait pas d'alternative ; La Pommeraye doit mourir ; et avec cette mort, toutes les preuves de ses crimes seraient supprimées. Il n'avait aucune crainte des hommes qui avaient accompagné Charles en Amérique ; il s'était renseigné et avait appris qu'ils n'étaient que pêcheurs et marins ; et toute version de l'histoire qu'ils auraient pu rapporter serait trop déformée et exagérée pour être crue.

Mais il craignait l'épée de La Pommeraye , et sous son pourpoint il enfila une cotte de mailles. Cherchant les quartiers d'un coupe-gorge téméraire, qui aurait assassiné son propre père pour quelques sous, il lui donna une bourse d'or, et lui faisant connaître la nature de l'ouvrage qui l'attendait, lui ordonna de frapper avec assurance et netteté, comme dès que La Pommeraye fut en conversation ; et au lieu d'une bourse, il remplirait sa casquette d'or.

A l'heure dite, il se rendit au rendez-vous, où La Pommeraye l'attendait avec impatience.

L' attitude du noble avait complètement changé depuis qu'il avait quitté Charles dans l'après-midi. Il prend désormais la dignité d'un homme injustement soupçonné et prêt à venger une injure.

« Ainsi, monsieur, dit-il en voyant Charles s'approcher de lui, vous êtes toujours déterminé à déchirer le passé et à me contraindre à reconnaître une fois de plus le déshonneur qui est arrivé à mon nom.

"Je suis ici", dit Charles, son sang chaud tout enflammé en un instant à l'insulte implicite contre Marguerite, "pour vous demander compte de la mort de Claude de Pontbriand et du tort que vous avez fait à votre innocente nièce."

Tout en parlant , il posa la main sur son épée. De Roberval vit l'action, crut vouloir la dégainer, et sa propre arme sortit de son fourreau. En ce moment Marguerite parut à la porte de l'église. Elle vit son oncle tirer son épée, et croyant qu'ils allaient se battre, dévala les marches au moment où de Roberval faisait une passe à La Pommeraye , qui, s'écartant adroitement, échappa à la blessure, et tirant son épée, se tint sur le défensive. Ce faisant, il entendit un pas derrière lui. Un instinct soudain l'avertit ; bondissant en arrière, il échappa de justesse à une poussée perfide par derrière. Au même instant, de Roberval aperçut dans la lumière incertaine le visage pâle de sa nièce ; et, frappant sauvagement La Pommeraye , tomba aux pieds de cette dernière.

Charles ne lui prêta pas attention. Son sang s'est réveillé, et se tournant vers le prétendu assassin, qui était sur le point de fuir terrorisé, il lui a transpercé le cœur.

Puis, voyant que de Roberval ne tentait pas de se relever, il se baissa et le tourna sur le côté, et vit que sa main s'accrochait d'une manière mortelle à la poignée de son épée, tandis que la pointe de l'arme lui avait percé le cerveau. C'était l'épée de Bayard ; l'épée que le roi lui avait donnée à l'heure de son ambition. Dans sa terreur devant l'apparition soudaine de ce qu'il croyait être l'esprit de sa nièce, son pied avait glissé, et le coup qu'il avait destiné à La Pommeraye avait mis fin à sa vie.

CHAPITRE XIX

Le lendemain, tout Paris connut les détails de la mort de de Roberval. Il avait été attaqué par un assassin, avait abattu son meurtrier potentiel, et, glissant dans le sang de sa victime, était tombé sur sa propre épée, mettant ainsi fin à la plus brillante carrière de France. Ainsi s'est déroulé le rapport ; et il n'y avait personne pour le contredire.

La Pommeraye , lorsqu'il s'était assuré que Roberval était bien mort, n'avait eu qu'une pensée : éloigner Marguerite des lieux avant que la foule qui, attirée par la bagarre, commençait déjà à se rassembler, ne s'aperçût de sa présence. Il la ramena précipitamment dans l'église ; je l'ai précipitée vers une sortie latérale dans une autre rue ; et ainsi la transporta, à moitié évanouie, chez elle. Lorsqu'elle fut capable d' écouter, elle apprit la vérité de ses propres lèvres. Sa pensée se remémorait la scène terrible qu'elle avait traversée ; elle a vu son oncle couché côte à côte dans la mort avec un égorgeur payé ; et tout à coup lui traversèrent l'esprit les paroles que Claude avait prononcées debout sur le pont de *L'Heureux* , la corde autour du cou : « Puissiez-vous périr misérablement par votre propre main meurtrière.

Paris est en deuil. La cour, l'Église, la ville, toutes abandonnèrent leurs occupations habituelles pour honorer la dépouille de celui qui avait soutenu dans deux mondes la gloire de la France, qui avait été un fils dévot de l'Église et qui avait toujours gardé la gloire de la France. nom de son monarque comme talisman contre ses ennemis. Son corps, après avoir été exposé pendant trois jours, fut enterré avec toute la pompe et le cérémonial dus à son rang et à sa renommée ; et la vraie vérité concernant sa mort restait secrète dans le cœur des deux à qui il avait si cruellement fait du tort.

Le retour de Marguerite en France ne pouvait rester éternellement ignoré ; et, en effet, depuis la mort de son oncle, il n'y avait plus besoin de se cacher. Son histoire – ou tout ce qu'elle a choisi de rendre public – a rapidement commencé à se répandre à l'étranger. Les versions qui circulaient à la cour et dans la ville étaient nombreuses et tronquées . Mais pour la plupart de ceux qui regardaient ce visage noble et beau, avec ses traces d'amères souffrances, le soupçon du mal était impossible. Les amis qui l'avaient connue et aimée avant son départ l'auraient volontiers accueillie à nouveau ; mais elle fuyait toute société. Plus jamais elle ne pourrait se mêler au monde parisien. Elle accepta l'invitation d'un vieux compagnon bien-aimé et partit séjourner dans une villa au bord de la Seine.

Ici, après un certain temps, La Pommeraye osa lui rendre visite. Au fil des semaines, le bel air de sa terre natale, la compagnie constante des amis, le retour de la santé et des forces, avaient commencé à lui rendre un peu de sa jeunesse perdue ; même si l'ancienne vivacité avait disparu à jamais. Elle accueillit La Pommeraye avec plus de gaieté et de liberté qu'il n'avait osé s'attendre ; et peu à peu il commença à penser que l'éloignement du lieu de ses chagrins et l'éloignement de son oncle, cause de toutes ses souffrances, lui faisaient moins ressentir le passé. Malgré sa conviction qu'elle ne l'aimerait jamais, il se mettait presque à espérer. La vieille douleur ardente qui n'était jamais morte remuait son cœur de manière plus incontrôlable que jamais. Il s'efforçait vaillamment de n'en montrer aucun signe, craignant de perdre même la joie de la voir, mais chaque jour il se jetait sur le chemin de Marguerite, et chaque jour il ne pouvait s'empêcher de sentir qu'il lui devenait plus nécessaire.

Et en effet, pour la femme seule et attristée, sa compagnie était un réconfort indescriptible. Le beau géant, inébranlable et aux larges épaules, l'avait sauvée d'horreurs indicibles, il lui avait prouvé son dévouement à un prix qui aurait bien pu consterner les plus courageux. Elle savait que quoi qu'il puisse lui arriver, son bras puissant était prêt à la protéger du mal pour le reste de sa vie. Seule au monde, elle s'accrochait à lui comme à son meilleur et plus véritable ami ; elle l'aimait vraiment, de toute la force qui lui restait, mais pas de la manière qu'il désirait. Son œil de femme voyait à travers la retenue qu'il s'imposait ; elle savait que son cœur était inaltérablement le sien et que, tôt ou tard, il parlerait un jour. Elle redoutait la séparation inévitable et cherchait à la différer par tous les moyens en son pouvoir.

C'est arrivé plus tôt que prévu. Une période de paix relative avait donné à l'épée de La Pommeraye un repos inusité, mais les hostilités reprenaient et il ne pouvait rester les bras croisés. Son poste était sur le terrain, mais il ne pouvait y aller que lorsqu'il avait appris de la bouche même de Marguerite si la vie lui réservait encore une chance de bonheur.

Il était à Paris quand la nouvelle est tombée. Après quelques préparatifs précipités, il quitta la ville et courut à ses côtés. Son cœur battait à tout rompre alors qu'il arpentait avec elle au clair de lune le long de la terrasse surplombant la rivière. C'était au début du printemps, un an seulement après son sauvetage de l'île. Des souvenirs envahissaient son cœur et l'empêchaient de remarquer le silence de son compagnon jusqu'à ce qu'il parle enfin.

« Marguerite, dit-il, car il l'appelait maintenant par son nom, à sa propre demande, je dois quitter Paris demain. Il y a du travail brûlant qui attend mon épée dans le midi, et je ne dois plus tarder.

Elle se tourna vers lui, soudain alarmée ; la nouvelle était assez inattendue.

« Mon ami, mon frère, dit-elle impulsivement, ne me quitte pas ! Pas encore, pas encore !

Le moment était venu. L'amour renfermé dans le cœur de La Pommeraye ne serait plus retenu et jaillirait de lui dans un torrent de paroles passionnées. Elle ne pouvait pas l'arrêter maintenant ; c'était trop tard. Elle restait pâle et silencieuse alors qu'il déversait tout l'amour et le désir de ces années lasses. Son cœur était ému d'une grande compassion pour lui ; mais quand, encouragé par son silence, il lui toucha la main, elle la retira brusquement. Devant elle se dressait le visage mort de celui qui avait été aussi véritablement son mari que si un prêtre avait béni leur mariage ; elle sentit encore une fois le contact des lèvres de son enfant sur son sein ; elle revit cette double tombe sur le flanc d'une colline solitaire, à des milliers de kilomètres de là. Elle avait aimé autrefois, et son cœur était mort et enseveli dans cette tombe lointaine. La vie n'avait pas de second amour pour elle, désormais il ne lui restait plus que le souvenir de ce qui avait été autrefois. Mais son ami, son seul soutien et réconfort, doit-elle le perdre aussi ? Le ciel était vraiment cruel envers elle. Elle se couvrit le visage de ses mains.

"Dieu aide moi!" dit elle en frissonnant. "Ça ne peut pas être."

Il pensait qu'elle cédait. En un instant, il lui avait pris les mains dans les siennes, tandis qu'il implorait passionnément du temps, de l'espoir ; aucune promesse, seulement la permission de passer sa vie à son service, seulement une parole à emporter avec lui dans son voyage. Mais elle avait repris le contrôle d'elle-même et parlait maintenant avec une décision calme et triste qui sonna le glas de son cœur.

"Mon amie," dit-elle, "je t'aurais épargné ça si j'avais pu. J'ai essayé de t'épargner, et" sa voix tremblait, "de m'épargner moi-même. Chut," comme il était sur le point de l'interrompre, "cela C'est parce que je t'aime - mais pas comme tu le souhaites - que je nous aurais épargné tous les deux cette séparation. Tu es tout ce qu'il me reste au monde - si je te perds, je suis effectivement seul.

Elle s'arrêta un instant. Il n'y avait pas de larmes dans ses yeux écarquillés et sombres alors qu'elle regardait droit devant elle, par-dessus la rivière étincelante, mais son visage était blanc comme la mort au clair de lune, et les rides autour de sa bouche parlaient de la profondeur cachée des sentiments sous cet extérieur calme. . Charles s'était levé d'un bond, un élan impétueux aux lèvres, mais elle le fit taire d'une main levée.

« Venez, dit-elle, continuons notre promenade, et je vous dirai ce que j'ai cru devoir dire à aucun être vivant sur terre.

Et là, les yeux sans larmes et d'une voix qui ne faiblit jamais, elle lui raconta toute l'histoire de ces trois années sur l'île, sans rien omettre, en donnant les contours clairs et brefs, mais avec une vivacité qui brûlait les détails sur la palpitation de Charles. cerveau comme s'ils avaient été marqués au fer chaud.

« Et maintenant, » dit-elle en achevant et en se tournant vers lui, levant ses yeux calmes vers son visage pâle et désespéré, « maintenant tu vas voir pourquoi il est impossible que je te donne ce que tu demandes. Ma vie était celle de Claude ; Je me suis donné entièrement à lui. Il a souffert avec moi, il est mort pour moi ; je n'ai plus que son souvenir, mais à cela je serai fidèle jusqu'à ma mort. Mon ami, comprends-tu *maintenant* ?

Il était à genoux devant elle. Elle lui tendit les mains sans résistance et il y posa un instant son front brûlant. Puis il leva les yeux vers elle, et elle vit qu'en effet il comprenait.

Son visage, lorsqu'elle rencontra son regard, était plein d'une tendresse et d'une pitié infinies. Posant doucement sa main sur sa tête, elle se pencha et l'embrassa une fois sur le front. L'ensemble de l'action était si austère, si plein de la tristesse et de l'éloignement de quelqu'un qu'un abîme vaste et infranchissable sépare à jamais de tout rapport humain et familier, qu'il révélait à Charles plus clairement que n'importe quel mot le désespoir. de son amour. Il baissa la tête en silence un instant, puis pressa passionnément ses lèvres sur sa main, il se leva et la quitta.

Elle ne l'a jamais revu. Lorsqu'elle réalisa qu'il était bel et bien parti, que le dernier lien qui l'attachait à son passé était rompu, elle commença à ressentir amèrement la profonde solitude de son sort. Seul au monde, sans amis ni parents ; seule, sans possibilité de jamais confier son cœur à un être humain, la vieille folie qui l'avait regardée en face sur l'Île des Démons semblait sur le point de revenir.

Mais elle devait connaître un noble salut. Les domaines de son oncle lui appartenaient désormais. Les guerres les avaient laissés pauvres, sans ressources, dans une condition misérable. Les paysans mouraient de faim, les remparts du château s'écroulaient et des bandes de voleurs pillaient ce qui lui restait. Une vie d'action était ce dont elle avait besoin : sa résolution fut bientôt prise, et en moins d'un mois elle était en route vers le nord, emmenant avec elle un compagnon de son rang qui avait consenti à partager sa solitude.

Le voyage était fatiguant. À plusieurs reprises, elle aurait fait demi-tour, mais sa volonté déterminée l'y poussait. Elle fut la dernière de Roberval ; le nom noble était pour elle un dépôt sacré, et elle le garderait noble jusqu'au bout. Lorsqu'elle arriva à son château, les paysans qui se souvenaient d'elle et la croyaient morte, accoururent autour d'elle, pleurant et riant, embrassant son cheval et ses vêtements, jusqu'à ce que, touchée jusqu'au cœur, elle s'effondre et mêla ses larmes aux leurs.

Et maintenant, sa vraie vie commençait. Au début, c'était dur. Les vieux souvenirs lui revinrent en masse. Le visage de son oncle semblait la regarder depuis les couloirs déserts ; et lorsqu'elle entra dans la chambre où elle et Marie avaient soigné Claude pendant sa maladie, une telle agonie du souvenir l' envahit qu'il lui sembla qu'enfin son esprit devait être dérangé. Elle a cherché refuge dans l'occupation ; elle travaillait tard et tôt comme aucun de Roberval n'avait jamais travaillé auparavant, et ses serviteurs appelaient des bénédictions sur sa tête. Mais quand le labeur de la journée fut terminé et qu'elle chercha son oreiller solitaire, elle entendit toute la nuit le grondement des vagues sur le rivage rocheux et vit les visages de ses morts la regarder dans l'obscurité.

Ainsi s'éternisaient les jours de son veuvage désolé. Sa jeunesse était révolue et les cheveux gris qui avaient effrayé Cartier avaient désormais de nombreux compagnons. Mais ils semblaient seulement ajouter de la beauté et du caractère à son visage doux et triste. Elle s'est livrée à un dévouement désintéressé envers les autres et à son devoir ; et comme si les tempêtes de sa vie s'étaient épuisées dans sa jeunesse, le reste de ses jours semblait destiné à se dérouler dans la paix et la tranquillité , sinon dans le bonheur.

Elle entendait par intervalles La Pommeraye . Les moyens de communication étaient difficiles et incertains à cette époque, mais il parvenait à lui envoyer des messages occasionnels et à l'assurer de son dévouement éternel et de sa volonté de la servir de toutes les manières dont elle pourrait avoir besoin. Souvent, son cœur lui faisait mal lorsqu'on lui racontait l'histoire d'un soldat célèbre qui était toujours au cœur de la bataille, qui courtisait la mort, mais que celle-ci semblait fuir.

enfin un combat désespéré, dans lequel les forces françaises avaient failli échouer. Un vaillant héros avait mené sa division à la victoire. Pendant un court répit, il avait retiré son casque et observait la lutte à mort dans la vallée en contrebas. Soudain, il voit la ligne française vaciller. Il ordonna à ses hommes de le suivre et, avec ses cheveux de lion flottant au vent, il galopa au cœur de la mêlée. Il frappa à droite et à gauche ; à gauche et à droite, l'ennemi tombait devant lui. La bataille était gagnée pour la France ; mais sur un tas de cadavres , il fut retrouvé avec une balle dans la tête : « Mort au champ d' honneur » ; mort dans la fleur de l'âge; avec un dossier sans tache et un nom cher à tous les soldats du royaume.

LA FIN